Textos: Celia Ruiz, Taída Íñigo, Ana Serna Vara
Corrección: Isabel López / Equipo Susaeta
Diseño gráfico: Mari Salinas
Ilustraciones: Nivio López Vigil
Diseño de cubierta: Yenia Muñoz / Equipo Susaeta

© SUSAETA EDICIONES, S.A. - Obra colectiva
Campezo, 13 - 28022 Madrid
Tel.: 91 300 91 00 - Fax: 91 300 91 18
www.susaeta.com

¿Por qué, cómo, cuándo y dónde...?

ESCHILO

Prólogo

«¿Por qué, cómo, cuándo y dónde...?» es un libro entretenido, sencillo, variado y útil que enseñará muchas cosas a los chicos y chicas que tengan curiosidad por saber, y se las recordará a los mayores un poco desmemoriados o a los que se han quedado antiguos debido a la grandiosa capacidad de descubrir que tiene el ser humano.

«Animales», «La Tierra y el espacio», «Inventos», «Nuestro cuerpo y la salud», «Así se hacen muchas cosas» y «El campo y el mar» son algunos de los capítulos de esta casi enciclopedia de bolsillo que, seguro, sacará al lector de más de un apuro y le brindará muy agradables momentos.

Con este libro pretendemos satisfacer algunos de los muchos interrogantes que plantea la inagotable curiosidad infantil. Curiosidad de la que nos hacen partícipes a los adultos que estamos cercanos a su mundo.

Nuestro planeta es muy grande y muy pequeño.

Muy grande porque nadie podrá jamás conocerlo del todo por mucho que se lea este libro o viaje durante largos años contemplando las incontables maravillas de la Naturaleza.

Y muy pequeño porque el ser humano ya ha explorado todos los rincones de la Tierra. Se acabó la era de los descubrimientos.

Todas las personas (de todas las razas, de todas la etnias, de cualquier tiempo y lugar) somos iguales. El hombre ha cambiado realmente poco a lo largo de miles de años, pero ha dejado a su paso una huella profunda en la Naturaleza y en la Historia.

Unas veces para bien (¡la mayoría!) y otras para mal...

Aquí te presentamos un poco de todo eso: espacios naturales, etnias, logros humanos que cambiaron lugares y acontecimientos, inmortales obras de arte que salieron de sus manos.

Si leer es viajar con la imaginación, aquí te ofrecemos más de doscientos viajes que te ayudarán a conocer mejor al hombre y el maravilloso mundo en que vivimos.

Las autoras

Los animales

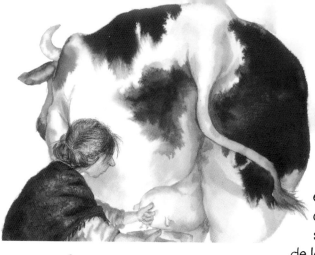

¿Cómo se ordeña una vaca?

Se puede ordeñar manualmente o con una ordeñadora eléctrica. En el primer caso se aprieta suavemente el pezón de la ubre y se tira hacia abajo. Entonces sale la leche que cae sobre un caldero. Las ordeñadoras eléctricas aspiran la leche de la ubre y la conducen hasta un depósito.

¿Cómo cruzan las calles los perros de los ciegos?

Los perros ven en blanco y negro. Por tanto, no cruzan porque el semáforo esté en verde. Ellos observan la circulación y cuando los coches se paran, llevan a su dueño a la otra acera.

¿Cómo excava el topo su madriguera?

El cuerpo del topo, desde el rabo a la cabeza, está preparado para excavar largos túneles en la tierra. El hocico es como una barra que perfora y levanta la tierra. Sus manos son unas magníficas palas que le sirven para retirarla. El cuerpo es como una barrena y transforma el agujero en un túnel.

¿Cómo se alimentan de sangre los vampiros?

El vampiro es un tipo de murciélago que se alimenta de la sangre de otros vertebrados. Primero atrapa a su víctima con sus cortantes incisivos (no con los colmillos) y después lame con la lengua enrollada en forma de trompa la sangre que mana de la herida. En estos festines llega a tomar tal cantidad de sangre, que es incapaz de volar.

13

¿Cómo producen ruido las serpientes cascabel?

Estas serpientes poseen un crótalo sonoro, una especie de castañuela, que avisa a sus enemigos. Este crótalo de armazones córneos está situado al final de la cola. Cuando el animal se asusta o se siente irritado, su cola se contrae y hace sonar los crótalos. El ruido es muy parecido al sonido de una maraca y al canto de la cigarra.

¿Cómo son las alas de las aves?

Las poco voladoras, como las gallinas, tienen las alas curvas. Las que hacen vuelos rápidos tienen alas largas y estrechas, en forma de hoz, como la golondrina. Las que hacen vuelos largos las tienen anchas y largas, como los patos.

¿Cómo son los picos de las aves?

Las aves carnívoras poseen un pico fuerte y ganchudo para desgarrar a sus presas. Las aves granívoras tienen el pico corto y fuerte para abrir las cáscaras. El de las insectívoras es corto y fino. Las piscívoras lo tienen largo para poder pescar.

¿Cómo es el largo viaje del salmón?

Los salmones nacen en la parte alta de los ríos. Cuando los alevines alcanzan los 10 o 12 centímetros, se dejan llevar por la corriente hasta el mar. Pero las hembras adultas vuelven al río al cabo de cuatro años. Guiadas por el instinto, regresan por el mismo camino. Agotadas por el viaje, ponen los huevos y mueren.

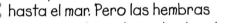

15

¿Cómo se relacionan los animales?

Los hay solitarios como los osos. Otros viven en pareja, como los alcatraces, o en familia, como el león. Algunos pertenecen a grandes sociedades, como las hormigas. También hay animales de especies distintas, como el picabuey y el elefante, que se ayudan mutuamente. Los hay que viven dentro o sobre otro animal perjudicándolo seriamente; éste es el caso de las pulgas, que chupan la sangre de otro animal.

¿Cómo se distingue una culebra de agua de una víbora?

Mientras que las culebras de agua no son venenosas, las víboras sí lo son. Las víboras tienen la cabeza triangular, las pupilas verticales, el hocico levantado y los incisivos son ganchudos. Siempre están lejos del agua. El hocico y la cabeza de las culebras de agua son redondeados y las pupilas de sus ojos, horizontales.

¿Cómo se forman las perlas en las ostras?

Si un grano de arena o un animal diminuto entra en la concha de una ostra, ésta se siente molesta. El objeto extraño la irrita y por este motivo segrega nácar o madreperla para cubrirlo. La ostra tardará seis años en hacer de un grano de arena una perla.

¿Cómo vuela un pez volador?

Nada por la superficie agitando la cola para conseguir mayor velocidad, luego despliega sus aletas como si fueran alas y se eleva a una velocidad aproximada de 60 km/h. Planea sobre las olas utilizando la cola para elevarse.

¿Cómo se regeneran las esponjas marinas y las estrellas de mar?

Tienen la capacidad de regenerarse a partir de uno de sus trozos. Si una esponja marina se rompe, cada parte, aunque sea pequeña, se vuelve a convertir en un animal completo. A las estrellas marinas les ocurre lo mismo. El trozo de un brazo se convierte en una estrella completa.

¿Cómo pueden nadar algunas aves bajo el agua?

Los pingüinos son aves que bajo el agua están felices. No pueden volar y utilizan las alas como aletas para nadar y los pies a modo de timón.

¿Cómo se defienden los animales de sus enemigos?

Los animales tienen muchas armas para defenderse de sus enemigos. Su piel y sus plumas, idénticas al paisaje en el que viven, los hacen pasar inadvertidos, como le ocurre al zorro o la perdiz. Otros poseen fuertes garras y temibles dientes, como el tigre o el león. Y los más pequeños, como algunas ranas, arañas y serpientes segregan venenos mortales.

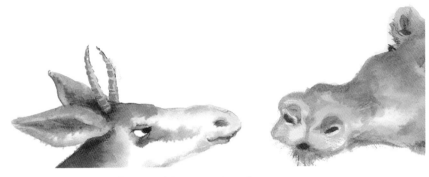

¿Cómo calman la sed los animales del desierto?

Los animales que viven en este medio calman la sed de diversas maneras. Los escorpiones beben el agua que hay en el cuerpo de sus víctimas. Las gacelas toman el agua que guardan las plantas. Los camellos y dromedarios pueden estar un mes sin beber, pues cuando beben agua la almacenan en la grasa de sus jorobas.

¿Cómo se protegen del frío los animales?

Al llegar el frío, a muchos animales mamíferos les crece
el pelo. Otros, como el murciélago o el lirón buscan
una madriguera para pasar el invierno dormidos.
Muchas especies de pájaros marchan a otros países
más cálidos. Las aves que se quedan ahuecan las
plumas para conservar el aire caliente.

¿Cómo viven las abejas de una colmena?

Una colmena es como una pequeña ciudad en la que pueden vivir hasta 50.000 abejas. Casi todos sus habitantes son hembras. Los pocos machos que hay sólo sirven para fecundar a la reina. La reina pone los huevos y cada abeja obrera tiene su trabajo: soldados, libadores, nodrizas, limpiadoras, albañiles...

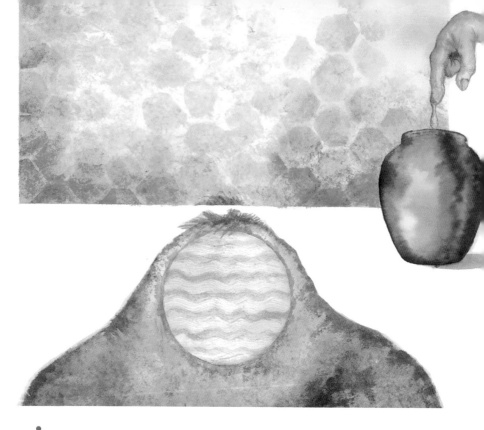

¿Cómo fabrican las abejas la miel?

La abeja se posa sobre una flor y toma su néctar. En su buche, el néctar se convierte en miel por la acción de una serie de reacciones digestivas. Ya en la colmena, la abeja libadora deposita la miel en una celdilla y la tapa con cera. El sabor y el aroma de la miel dependerán de la flor en la que la abeja haya libado el néctar.

¿Cómo se mueven las serpientes?

La serpiente no tiene patas pero se arrastra por el suelo de diversas formas. La serpiente repta, es decir, se desliza por el suelo describiendo curvas. También puede moverse doblando el cuerpo en espiral y luego enderezándose.

La tierra y el espacio

¿Cómo se formó la Tierra?

Se cree que nuestro planeta tiene más de cuatro mil quinientos millones de años de existencia. Son muchos los científicos que defienden que se formó a partir de la aglomeración de una gran masa de polvo y gas interestelar que giraba en el espacio. Parte de esa masa se unió formando el Sol, así como los planetas y satélites del Sistema Solar.

¿Cómo se formaron los mares?

Los mares se formaron hace millones de años. Mientras la Tierra se enfriaba, los volcanes entraron en erupción. Con la gran cantidad de gases que despidieron se creó la atmósfera, de la que cayó el vapor de agua en forma de lluvia sobre la Tierra. Esta lluvia se recogió en las grandes profundidades de la tierra, formando los mares.

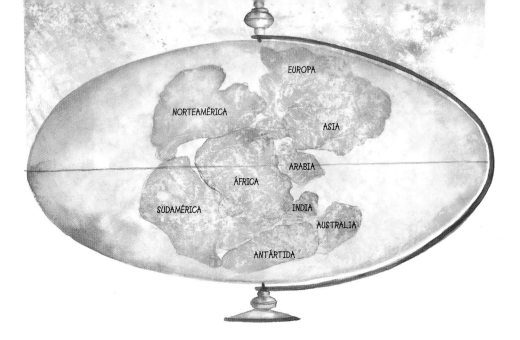

¿Cómo se produce un terremoto?

La corteza terrestre está formada por grandes placas que flotan sobre metales fundidos. Estas placas pueden chocar entre sí. Cuando esto ocurre, se produce una sacudida, más o menos fuerte, que hace temblar la superficie y provoca la caída de las construcciones, el desbordamiento de los ríos, corrimientos de tierra...

¿Cómo se mueven los continentes?

Cada año, los continentes se acercan y se alejan entre sí unos milímetros. Es este movimiento el que ha hecho variar el aspecto del planeta y el que ha separado los continentes. Se cree que hace doscientos millones de años, todos los continentes estaban unidos en uno solo llamado Pangea.

¿Cómo es la corteza terrestre?

La corteza terrestre es la capa exterior de nuestro planeta, la capa donde vivimos. Tiene un espesor que varía entre 10 y 70 kilómetros. La más exterior está formada de granito, cubierto de tierra. La parte más interna está compuesta de basalto. Entre una y otra hay una masa más fluida de la que se sabe muy poco.

¿Cómo se formó el carbón?

El carbón es un fósil sólido, negro y ligero que al quemarse produce energía calorífica. Se formó a partir de la descomposición, durante millones de años, de las plantas y los troncos.

¿Cómo se formó el petróleo?

Este aceite mineral de color oscuro se originó a partir de la descomposición de organismos vivos, vegetales o animales, que vivían en el mar, los lagos y ríos. Esta materia orgánica fue cubierta por el lodo arrastrado por los ríos. La presión ejercida sobre ella y diversas reacciones químicas hicieron que aquellos restos orgánicos se transformasen en este líquido aceitoso.

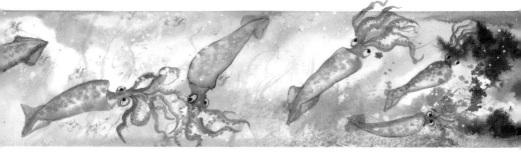

¿Cómo se forman los volcanes?

En las capas internas de la Tierra hay zonas donde existen masas de magma (rocas fundidas). A veces, estas masas ascienden al exterior de la tierra a través de la chimenea de un volcán que termina en un cráter. Por ahí se expulsan al exterior materiales sólidos (piedras de lava), líquidos (lava) y gaseosos.

¿Cómo desaparece la capa de ozono?

La capa de ozono que rodea nuestro planeta es como un gran filtro solar, ya que deja pasar los rayos buenos del Sol y absorbe los rayos ultravioleta. Sin embargo, toda una serie de gases producidos por el hombre han ido destruyendo esa capa de ozono. Son los gases usados en los frigoríficos, pulverizadores, acondicionadores de aire...

¿Cómo se calienta la Tierra?

El calentamiento se produce cuando la capa de gases invisibles que rodea la Tierra se carga de dióxido de carbono y no deja que el calor del Sol salga a la atmósfera. Estos gases contaminantes, procedentes de las industrias y los medios de transporte, actúan como el techo de un invernadero. Este fenómeno recibe el nombre de efecto invernadero.

¿Cómo se pronostica el tiempo climático?

Los meteorólogos son los especialistas en pronosticar el tiempo que va a hacer. Para ello tienen en cuenta la información obtenida en los observatorios de tierra y la que envían los satélites artificiales en órbita por el espacio. Con estos datos elaboran diariamente los «mapas del tiempo», un pronóstico que no siempre es exacto.

¿Cómo sabremos que va a llover próximamente?

Muchos animales «huelen» la lluvia antes de que ésta caiga sobre el suelo. Pronto lloverá si se observan algunas de estas señales: las mariposas revolotean cerca de las ventanas, las gaviotas vuelan por encima de los tejados de las casas o muchas lombrices de tierra salen a la superficie.

¿Cómo se produce un eclipse de Sol?

Se produce en Luna llena, cuando la Luna se sitúa entre la Tierra y el Sol. De este modo obstaculiza el paso de la luz del Sol y proyecta un cono de sombra apreciable sólo desde algunos puntos de la Tierra. Los eclipses de Sol son más frecuentes que los de Luna. Cada año se producen cuatro o cinco eclipses de Sol.

¿Cómo se forma el arco iris?

Se origina siempre que el Sol está situado en el cielo en el lugar opuesto a donde llueve con referencia al observador. Las gotas de agua son entonces traspasadas por los rayos solares que se reflejan en ellas como en un espejo. Las gotas de agua descomponen la luz solar en varios haces de diferente color que forman distintos arcos.

¿Cómo se produce un eclipse de Luna?

Se produce cuando la Luna, en su movimiento alrededor de la Tierra, pasa por la zona de sombra que ésta proyecta al ser iluminada por el Sol. Si la Luna entra en este espacio de sombra se produce un eclipse total o parcial. Será total cuando la Luna quede tapada totalmente por la sombra de la Tierra, y parcial cuando cubra sólo una parte.

¿Cómo son la cara visible y la cara oculta de la Luna?

La cara visible es la parte de la Luna que los humanos vemos desde la Tierra. La cara visible tiene mayor cantidad de mares de lava que la cara oculta, porque la corteza de ésta es más gruesa e impidió que la lava se filtrase. La cara oculta posee más cráteres y su terreno es más accidentado.

¿Cómo es el clima lunar?

En la Luna hay grandes cambios de temperatura.
Durante el día, por el calor del sol, se puede llegar a
los 120 °C. Por la noche, en la cara oculta de la Luna,
la temperatura baja a 160 °C bajo cero. Estos
cambios, unidos a la ausencia de atmósfera y
presión, justifican sobradamente la necesidad de un
traje protector para los astronautas.

¿Cómo es una lanzadera espacial?

La lanzadera es un vehículo que transporta todo tipo de cargas al espacio. Está unida a un gigantesco tanque que abastece de combustible a los motores principales. Se lanza con la ayuda de dos cohetes auxiliares que, minutos después del lanzamiento, caen sobre el océano en paracaídas. El tanque también se desprende y se rompe al caer.

¿Cómo vuelve a la Tierra la lanzadera espacial?

Cuando los experimentos en el espacio han concluido, la nave inicia el viaje de retorno. La nave viaja marcha atrás utilizando los motores como frenos. Cuando entra en la atmósfera, la nave se vuelve de color rojo. Tras el descenso, necesita una pista de casi tres kilómetros para detenerse.

¿Cómo se comporta el organismo en estado de ingravidez?

Con la ingravidez los cuerpos carecen de peso y pierden el equilibrio. Entre las alteraciones que provoca la ausencia de fuerza de gravedad se pueden destacar el debilitamiento de los músculos, la necesidad constante de beber y el aumento del ritmo del sistema circulatorio.

¿Cómo es el traje de un astronauta?

Los trajes pueden llevar hasta quince capas de materiales distintos. Debajo de él, los astronautas llevan acopladas tuberías muy finas para refrigerarse. Aunque en la Tierra pesa mucho, en el espacio resulta tan ligero como una pluma y protege al astronauta del choque contra pequeños meteoritos. El traje se completa con un gran casco diseñado para evitar los deslumbramientos del Sol.

¿Cómo se mueven los astronautas por la superficie lunar?

En los primeros viajes, vimos cómo los astronautas andaban por la Luna. Para superar las dificultades de la escasa fuerza de gravedad lunar, en las últimas expediciones los astronautas se han movido en un «todoterreno». Este vehículo funciona con baterías eléctricas y circula a una velocidad máxima de 20 km/h.

¿Cómo salen los astronautas al espacio exterior?

Las salidas al exterior son fundamentales para inspeccionar la nave, arreglar averías o construir una estación espacial. En estas salidas, el astronauta emplea un traje flexible y de gran resistencia que es como una nave espacial. En su espalda lleva acoplados pequeños cohetes que lo impulsan por el espacio.

¿Cómo es una estación espacial por fuera?

Esta ciudad de estructuras flotantes posee paneles solares que proporcionan la energía que necesita la estación espacial. Unos pequeños cohetes mantienen en órbita a la nave. Un pasamanos rodea el exterior de la nave para que los astronautas puedan sujetarse cuando trabajan en el espacio.

¿Cómo es una estación espacial por dentro?

Una estación espacial es como una gran ciudad. Se construye para poder vivir y trabajar en ella. Posee un espacio destinado a la vivienda, un laboratorio y un almacén para guardar los equipos que utilizan los astronautas. Los suelos y los techos están pintados de distintos colores para que los astronautas puedan orientarse fácilmente en la nave.

¿Cómo funciona una batería solar?

Es un mecanismo que produce electricidad para la estación espacial. Lo consigue a través de los millones de celdas diminutas que captan la luz solar. Esta energía también se puede enviar a la Tierra.

¿Cómo son los planetas exteriores?

Son los planetas cuya órbita está más alejada del Sol.
Están compuestos de gases y hielo. Júpiter es el planeta
más grande y el que más rápido gira sobre su eje.
Saturno posee escasa fuerza de gravedad y gran
densidad. Urano gira de lado y en Neptuno los vientos
corren a gran velocidad.

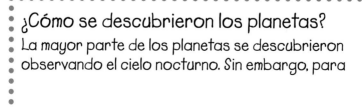

¿Cómo se descubrieron los planetas?

La mayor parte de los planetas se descubrieron
observando el cielo nocturno. Sin embargo, para

¿Cómo son los planetas interiores?

Los planetas interiores son los que se encuentran más cerca del Sol. Están compuestos de rocas y metales. Marte es el planeta rojo, pues sus llanuras están cubiertas de óxido. El dióxido de carbono y nitrógeno forman la venenosa atmósfera de Venus. Mercurio es el que gira alrededor del Sol más deprisa y el de menor diámetro. El único que tiene vida conocida hasta hoy es la Tierra.

descubrir Júpiter y Neptuno fue necesario hacer complicados cálculos matemáticos. Urano fue descubierto en 1781 por W. Herschel. En 1846, J. Galle y H. D'Arrest descubrieron Neptuno.

Los inventos

¿Cómo funciona la máquina fotográfica de película?

Al activar el disparador de la cámara, la luz entra por el objetivo y pasa por las placas metálicas del diafragma. El diafragma controla la cantidad de luz que entra en la cámara. Esta luz incide y forma una imagen en un trozo de película con una emulsión sensible que se ha colocado dentro de la cámara.

¿Cómo funciona el flash?

Este aparato permite hacer fotografías cuando la luz es insuficiente. Posee una lámpara de gas de neón que está sincronizada con el disparador de la cámara fotográfica. La cantidad de luz que emite en cada disparo está relacionada con la sensibilidad de la película, la intensidad de la oscuridad ambiental y la distancia del objeto que se desee fotografiar.

¿Cómo es un ordenador personal?

El ordenador se compone de un teclado que se emplea para introducir información en la unidad central de proceso. Aquí se llevan a cabo las labores propias del ordenador: ejecutar instrucciones y almacenar la información. El trabajo que se realiza se ve en el monitor.

¿Cómo funciona el aerógrafo?

El aerógrafo permite pintar una superficie de manera uniforme. Posee un recipiente que contiene pintura líquida. El recipiente va unido a un tubo, conectado con una máquina de aire comprimido. Al presionar el gatillo de la máquina, el aire comprimido expulsa, a través de un filtro, el líquido pulverizado.

¿Cómo funciona el alambique?

El alambique sirve para destilar líquidos u otras sustancias. Se compone de una caldera que se calienta al fuego. Al hervir el líquido de la caldera, el vapor pasa por la tapa a un tubo (serpentín) donde se condensa, ya que el serpentín está metido dentro de un depósito de agua fría. El vapor se convierte en líquido, sale por el orificio final del serpentín y cae en un recipiente.

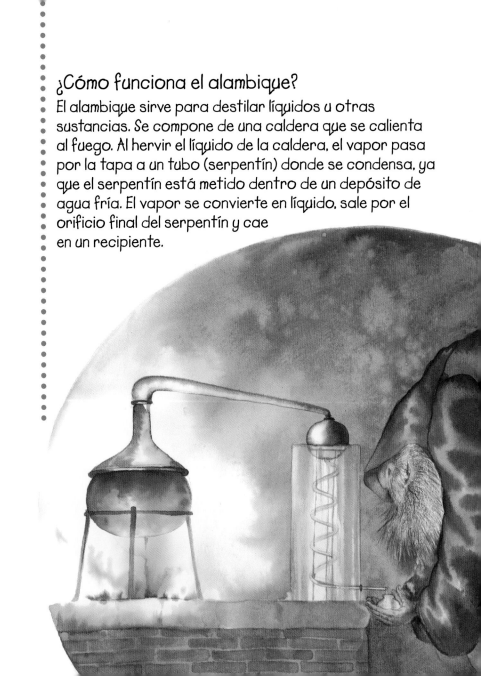

¿Cómo funcionan los extintores?

Los extintores de incendios se emplean para apagar el fuego. Están provistos de boquilla, válvula y dispositivo de descarga. Al accionar el dispositivo, se ejerce presión sobre unas sustancias extintoras contenidas en unas bombonas especiales. Salen éstas a chorro por la boquilla y, dirigidas contra las llamas, las apagan.

¿Cómo funciona una olla a presión?

Este recipiente hermético cocina alimentos en poco tiempo. Fabricada con un material resistente, posee una válvula de seguridad. Su finalidad es conseguir que dentro se produzca la ebullición con el mayor ahorro de energía. Al estar encerrado el líquido herméticamente, aumenta la presión y la temperatura de ebullición supera los 100 °C.

53

¿Cómo es una incubadora?

Una incubadora es una caja de cristal que proporciona
un ambiente adecuado y esterilizado a los niños
prematuros. Posee unas aberturas, acabadas en una
membrana elástica, por las que se introducen los
antebrazos para atender al bebé. Cuentan con sensibles
aparatos que controlan la temperatura, la humedad, el
oxígeno, etc.

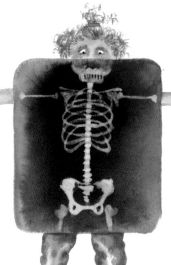

¿Cómo funcionan los rayos X?

Los rayos X se emplean
para observar
partes internas del
cuerpo. Atraviesan espesores
considerables, debido a su
corta longitud de onda. Esa
penetración tiene intensidad

54

¿Cómo funciona un frigorífico?

El frigorífico conserva los alimentos fríos. Funciona mediante el ciclo ininterrumpido del gas freón que se almacena en una botella acumuladora. Un compresor aspira y comprime el freón, que se licúa al enfriarse en un condensador. Este gas licuado pasa al evaporador, allí absorbe el calor y produce frío. El freón es aspirado de nuevo por el compresor y se repite el ciclo.

distinta según la densidad y composición química del cuerpo. Esas variaciones, en forma de masas de sombra, impresionan la placa fotográfica obtenida en el aparato de rayos X.

¿Cómo funciona un fusible?

El fusible es un dispositivo en el que va enrollado un hilo de plomo. Se coloca en las instalaciones eléctricas. Cuando la intensidad de la corriente es demasiado alta, el plomo se quema, interrumpiendo el paso de energía y evitando así incendios u otros daños.

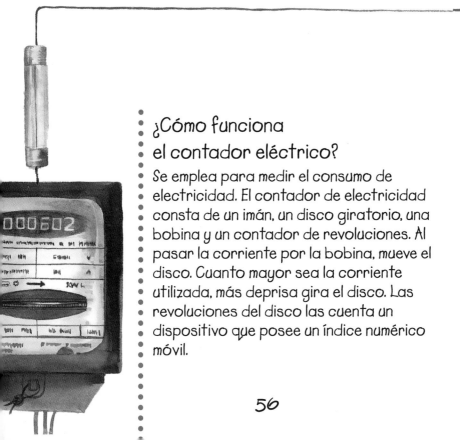

¿Cómo funciona el contador eléctrico?

Se emplea para medir el consumo de electricidad. El contador de electricidad consta de un imán, un disco giratorio, una bobina y un contador de revoluciones. Al pasar la corriente por la bobina, mueve el disco. Cuanto mayor sea la corriente utilizada, más deprisa gira el disco. Las revoluciones del disco las cuenta un dispositivo que posee un índice numérico móvil.

¿Cómo funciona la bombilla incandescente?

Esta bombilla está formada por un globo de vidrio en cuyo interior se ha hecho el vacío. Contiene un finísimo hilo enrollado en doble espiral. Cuando este hilo es recorrido por la electricidad, se calienta intensamente y produce luz.

¿Cómo funciona el fax?

El fax sirve para enviar textos e ilustraciones. La comunicación se

lleva a cabo a través de la línea telefónica. Se precisa un aparato transmisor que mande la señal y la información a otro aparato receptor. Éste transformará esa señal en un texto o en una ilustración.

¿Cómo funciona el teletipo?

Este aparato permite transmitir un texto. Aunque se parece a una máquina de escribir, su funcionamiento es idéntico al telégrafo, ya que actúa por impulsos

¿Cómo funciona el correo postal?

Los carteros recogen las cartas de los buzones de correos y las llevan a la oficina de la localidad. Aquí se seleccionan, teniendo en cuenta el lugar de destino, y se envían en sacas a través del tren o el avión. En el lugar de destino, los carteros seleccionan nuevamente por distritos las cartas recibidas y las reparten.

eléctricos sobre una cinta perforada de acuerdo con un código. Una vez tecleada la información, el aparato receptor recoge estos impulsos y los transforma en caracteres de imprenta sobre una hoja de papel.

¿Cómo funciona internet?

Internet es una red mundial de ordenadores que te permite tener acceso a la información que posee la red y comunicarte con ordenadores de todo el mundo. Para poder entrar en internet es necesario que el ordenador tenga instalado un módem. Mediante este dispositivo podemos intercambiar información a través de la red telefónica.

59

¿Cómo funciona la grúa?

La grúa es una máquina que levanta grandes pesos y los transporta de un punto a otro. Consta de un soporte vertical sobre el que va montado un brazo horizontal, el pescante aguilón, que sostiene el gancho del aparejo elevador. Se acciona eléctricamente, equilibrando su potencia mediante un contrapeso desplazable.

¿Cómo funciona el martillo neumático?

El martillo neumático se emplea para taladrar el suelo. Funciona gracias a la fuerza del aire comprimido que le suministra una máquina eléctrica. El pistón, en rápidos y fuertes movimientos alternativos, transmite su impulso a una barrena situada en el extremo del martillo que gira a más de doscientas revoluciones por minuto.

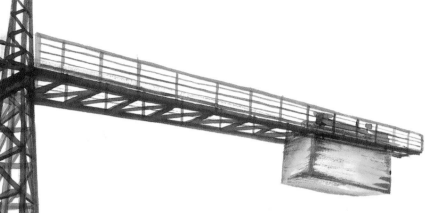

¿Cómo funciona la hormigonera?

En esta máquina se elabora el hormigón de cemento. La parte esencial es el tambor que tiene en su interior una palas para mover los materiales. La acción de las palas y el movimiento de rotación del tambor mezclan la grava, la arena, el cemento y el agua, elementos que forman el hormigón.

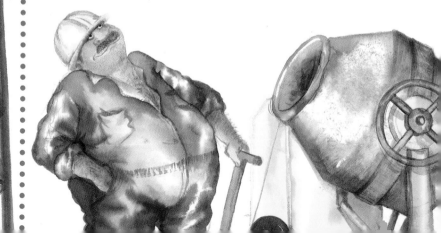

¿Cómo funcionan las esclusas?

Las esclusas facilitan la navegación en los ríos o canales de gran desnivel. Una esclusa se compone de una cámara entre dos zonas con distinto nivel. Se cierra con unas compuertas mecánicas mientras se llena o vacía, equilibrando el nivel del agua con la esclusa inmediatamente posterior. Una vez llena, una compuerta se abre y el barco puede navegar.

¿Cómo funciona una fábrica de harina?

El grano del cereal se selecciona y limpia antes de entrar en los molinos, en donde se tritura finamente, separando la harina de la cáscara. Después, la harina pasa por distintas cribas y se separa el salvado de la harina. Finalmente, se empaqueta.

¿Cómo funciona el teleférico?

Un teleférico es un sistema de transporte que salva grandes diferencias de altitud. Se compone de varios pilares que sujetan un doble sistema de cables: por unos va la cabina de subida y por otros vuelve la de bajada. Los cables de subida están sujetos en el punto más alto de la estación y tienen un contrapeso que asegura su tensión permanente. Los cables de bajada tienen también un contrapeso.

¿Cómo funciona el planeador?

El planeador está provisto de grandes alas rectangulares y de una estructura muy aerodinámica. Carece de motor y su peso es similar al del piloto. Puede mantenerse en el aire durante largo tiempo si se aprovechan las corrientes atmosféricas favorables. Para despegar necesita ser remolcado por un avión convencional pequeño.

¿Cómo funcionan los aerofrenos?

Son los dispositivos de frenado de las aeronaves. Unos van acoplados a las alas para oponer resistencia al aire. También los elementos propulsores frenan la nave al invertir su acción. Es el caso de la hélice al girar con las palas invertidas o de los aviones a reacción al proyectar el chorro de aire hacia adelante.

¿Cómo funcionan las torres petrolíferas?

Estas torres metálicas poseen una base en la que se instala el motor y la mesa de rotación del trépano. Éste consta de rodillos que taladran el suelo en busca de la bolsa de petróleo. Las coronas de acero del trépano giran a tal velocidad que desmoronan el terreno.

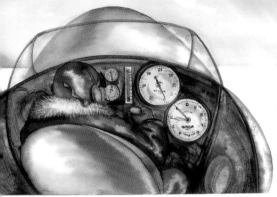

¿Cómo funciona el altímetro?

El altímetro es un dispositivo que se emplea en los aviones para indicar la altura. Su funcionamiento se basa en el hecho de que la presión atmosférica baja a medida que se asciende. Una aguja situada sobre un círculo graduado establece la correspondencia entre la variación de la presión y la diferencia de altura.

¿Cómo funciona el sismógrafo?

El sismógrafo registra los movimientos de la tierra durante un terremoto. Consta de un receptor y un registrador. El receptor, que va unido al suelo, tiene un péndulo y un estilete terminal. El registrador es un cilindro giratorio con papel graduado. Al moverse la tierra, el péndulo oscila provocando que el estilete refleje ese movimiento en el papel.

¿Cómo funciona el anemómetro?

El anemómetro mide la velocidad del viento. Consta de un
eje del que salen 3 o 4 brazos. Cada brazo acaba en
una cazoleta semiesférica que gira con el empuje del
viento. Debajo del eje, un dispositivo con ruedas
dentadas se mueve al girar las cazoletas. El dispositivo
va unido a un contador que señala la velocidad del
viento en kilómetros por hora.

¿Cómo se interpreta un mapa?

Los mapas son representaciones, a escala, de una
determinada parte de la superficie terrestre sobre un
plano. Para interpretarlo es necesario leer atentamente
sus márgenes superior e inferior, así como la leyenda de
signos convencionales. También se tendrá en cuenta el
significado de los colores empleados: el azul representa
el agua, el verde la vegetación, el marrón el relieve...

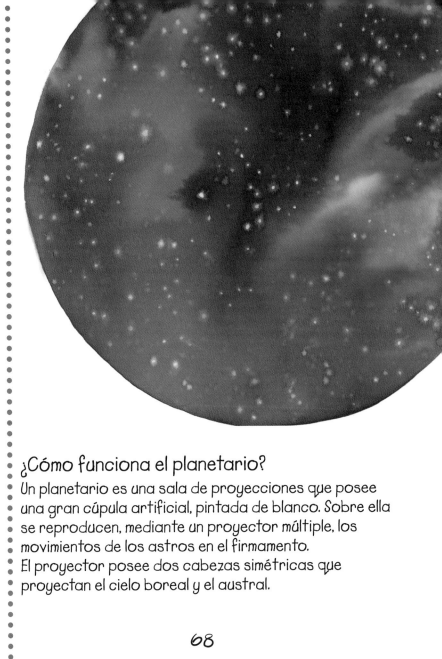

¿Cómo funciona el planetario?

Un planetario es una sala de proyecciones que posee una gran cúpula artificial, pintada de blanco. Sobre ella se reproducen, mediante un proyector múltiple, los movimientos de los astros en el firmamento.

El proyector posee dos cabezas simétricas que proyectan el cielo boreal y el austral.

¿Cómo funciona el radiotelescopio?

Un radiotelescopio consta de un colector móvil de forma parabólica que recoge las ondas espaciales y las concentra en el foco. Aquí hay una antena que transforma estas ondas y las conduce a un amplificador y después a un receptor. Éste registra en un papel la intensidad de las radiaciones emitidas por los cuerpos celestes.

¿Cómo funciona la caja de música?

Estas cajas poseen una llave que, al darle cuerda, hace mover un cilindro de puntas metálicas dispuestas en determinados lugares que, al rozar con las púas de una especie de peine de acero, las hacen vibrar. A partir de este momento, empiezan a sonar las notas musicales.

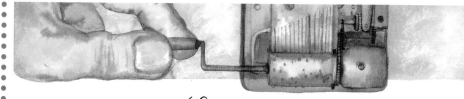

¿Cómo se afinan los instrumentos musicales?

Los instrumentos musicales se afinan con un diapasón. Al ser golpeada, esta varilla metálica emite una nota «la» de 870 vibraciones simples por segundo. El músico adecuará el «la» de su instrumento a las vibraciones del «la» del diapasón. Posteriormente, afinará el resto de las notas a partir del «la» afinado de su instrumento.

¿Cómo funciona el piano?

A cada tecla corresponde una cuerda y un martillo. Al tocar una tecla, ésta mueve el martillo y golpea la cuerda. Se produce entonces una vibración que transmite la caja de resonancia, que es la parte de madera. El piano tiene dos pedales. Pisando el de la derecha se prolonga la vibración y con el de la izquierda se apaga el sonido.

70

¿Cómo funciona el órgano?

El órgano consta de un teclado, un productor de aire y
un conjunto de tubos que corresponde a las distintas
notas musicales y escalas. Al accionar las teclas, el aire
comprimido sale por el tubo produciendo la nota
musical correspondiente. Al pisar los pedales se
producen distintos matices musicales en los sonidos.

El cuerpo y la salud

¿Cómo se producen las lágrimas?

Las glándulas lagrimales de los ojos producen constantemente lágrimas para mantenerlos húmedos y limpios. Además de arrastrar las partículas, las lágrimas poseen una sustancia que destruye las bacterias. La secreción de lágrimas aumenta si tenemos irritados los ojos, padecemos conjuntivitis o lloramos de tristeza o alegría.

74

¿Cómo se practica la respiración artificial?

Uno de los métodos consiste en colocar al accidentado boca arriba y con la espalda un poco arqueada. El socorrista se sitúa detrás de la cabeza del paciente. Toma los brazos de éste y los mueve verticalmente hacia atrás para volverlos, acto seguido, contra el pecho del accidentado. La acción se repetirá rítmicamente hasta conseguir que vuelva a respirar.

¿Cómo se extrae un cuerpo extraño de un ojo?

En algunas ocasiones puede introducirse en nuestros ojos un insecto o una mota de polvo. La irritación que este cuerpo extraño produce provocará inmediatamente las lágrimas que lo arrastrarán y eliminarán. Si no fuese así, hay que lavarse los ojos con abundante agua, pero nunca introducir el dedo u otros objetos que irritarán aún más el ojo.

¿Cómo se combaten las intoxicaciones?

Para combatir una intoxicación, hay que conocer el agente que la ha producido. La picadura de serpiente o abeja se contrarresta con antídotos específicos para cada veneno. Si la sustancia ingerida son medicamentos, se hace un lavado de estómago. En caso de intoxicación, se acudirá siempre a un centro hospitalario.

¿Cómo se corta una hemorragia?

Las hemorragias externas se cortan aplicando compresas frías en la herida. En caso de una fuerte hemorragia se hará un torniquete. Este método consiste en enrollar un trozo de tela sobre la herida. Si la herida es arterial, atamos la tela por encima de la misma. Haremos el torniquete por debajo si la herida es venosa.

¿Cómo se cura una quemadura?

Si te has quemado, coloca la parte afectada debajo del grifo y deja que se refresque. Sécate con una gasa y, después de un rato, esparce encima una crema hidratante o rica en vaselina. Cuando la quemadura es muy profunda o muy extensa, hay que acudir a un centro hospitalario.

¿Cómo se producen y combaten los calambres?

Tras un ejercicio físico prolongado, podemos sentir calambres.

Se producen por la acumulación de sustancias tóxicas en los músculos como resultado de la fatiga. Una mala posición que impida la circulación también nos puede provocar calambres. El mejor remedio es frotar con fuerza la zona afectada.

¿Cómo se calma la sed en el desierto?

Si alguna vez te pierdes en un desierto y estás que te mueres de sed, debes saber algo esencial: los cactus almacenan gran cantidad de agua en su tronco. Con un objeto incisivo, se puede hacer un corte y extraer el líquido.

¿Cómo se cura una herida después de una caída?

Hay que lavar con abundante agua y jabón la herida hasta que quede bien limpia. Se seca con una gasa esterilizada y, a continuación, se desinfecta con agua oxigenada o con otro líquido desinfectante.

¿Cómo debemos comportarnos en una tormenta?

Si una tormenta nos sorprende en el campo, nunca nos resguardaremos debajo de un árbol, pues las ramas atraen las chispas. Es peligroso permanecer dentro o cerca de un río o un pantano, porque el agua es un excelente conductor de la electricidad. No se debe abrir el paraguas: su varillaje haría las veces de pararrayos.

¿Cómo actúa en nuestro organismo el veneno de las serpientes?

Las serpientes venenosas poseen diferentes venenos, cuya composición química es variada. Cada uno actúa de forma diferente sobre el organismo. Unos paralizan la respiración y el corazón. Otros producen el estallido de los glóbulos rojos. Los hay que provocan hemorragias internas o coagulan la sangre.

¿Cómo se tiene que ver un eclipse de Sol?

El Sol no se puede mirar nunca directamente porque su intensidad luminosa podría dañar las vista. Lo mismo sucede cuando hay un eclipse, porque los rayos siguen pasando por los bordes de la luna. Por tanto, es aconsejable ponerse unas gafas de sol o ver el eclipse a través de un cristal ahumado.

¿Cómo se distinguen las setas venenosas?

No existe ningún método seguro para distinguir las setas venenosas de las comestibles. Por tanto, éste es nuestro consejo: nunca hay que cortar las setas que no conozcamos con total seguridad. Hacer lo contrario puede costarnos la vida.

¿Cómo vemos?

El órgano de la vista es el ojo. Los rayos de luz penetran por la pupila y son enfocados por la córnea y el cristalino. La imagen se refleja al revés en la retina y pasa al cerebro por el nervio óptico a través de impulsos nerviosos. En el cerebro la imagen se invierte de nuevo, viéndose correctamente.

¿Cómo funciona el sentido del tacto?

Nuestra piel posee unos corpúsculos microscópicos que perciben el frío, el calor o la suavidad. Este estímulo llega por los nervios periféricos a la médula espinal y de aquí pasa a los centros corticales del cerebro. La sensibilidad táctil no es igual en todo el cuerpo. Está muy desarrollada en la lengua y los dedos, pero es menor en la espalda.

¿Cómo se produce el dolor de cabeza?

El dolor de cabeza puede ser originado por una infección, congestión nasal, deficiencias visuales, estado de angustia... En todos los

¿Cómo se produce la palidez del sobresalto?

El color sonrosado de la piel se lo debemos a la circulación de la sangre. Cuando nos asustamos, la circulación se interrumpe porque el nervio vago, que une el corazón con el cerebro, manda al corazón el mensaje de alarma. El corazón detiene el bombeo de sangre, lo que hace que el rostro se ponga pálido y el pulso caiga repentinamente.

casos se irritan los nervios craneales y se congestionan los vasos sanguíneos del cerebro. Su duración depende de la causa que ha motivado el dolor. El malestar se pasa tomando un calmante.

¿Cómo percibimos los olores?

El órgano del olfato reside en la nariz. Al respirar, las sustancias que transporta el aire se depositan en la mucosa. En su viaje de ascenso, el aire llega a los receptores del olor. Sus miles de células transmiten las sensaciones olorosas depositadas en las mucosas. Este mensaje llega al cerebro a través del bulbo olfativo.

¿Cómo oímos?

El órgano de la audición es el oído, que consta de oído externo, medio e interno. Por la oreja penetran las ondas sonoras hasta el tímpano. Aquí hay tres huesecillos —martillo, yunque y estribo— que transmiten las vibraciones al oído interno. En él se encuentran las células auditivas que envían impulsos nerviosos al cerebro.

¿Cómo mantenemos el equilibrio?

El cerebelo es el órgano central del sentido del equilibrio. Éste elabora la información que le envían la vista, el oído y las articulaciones. La vista informa sobre el espacio en el que se encuentra el cuerpo. El oído sobre la posición de la cabeza. Las articulaciones informan sobre la posición de cada parte del cuerpo.

¿Cómo funciona el sentido del gusto?

El órgano del gusto reside en las papilas gustativas de la lengua. La papilas gustativas están envueltas en terminaciones nerviosas que mandan el estímulo recibido al cerebro. La sensación del sabor sólo se produce si una sustancia está disuelta en la saliva. Los cuatro sabores fundamentales son: dulce, amargo, salado y ácido.

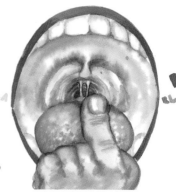

¿Cómo hablamos?

Los sonidos se producen
cuando el aire es impulsado
desde los pulmones a la
tráquea y llega a la laringe. En la laringe están las
cuerdas vocales que, al pasar el aire, vibran
produciendo los sonidos. El aire llega a la boca, donde
la acción conjunta de la lengua y los labios produce
los sonidos de las palabras.

¿Cómo pueden andar los sonámbulos?

La actividad de los seres humanos está regida por
una facultad consciente y otra inconsciente. La
primera depende de nuestra voluntad, pero la segunda
es la que domina nuestros actos automáticos:
respirar, ver, andar... Durante el sueño, la actividad
inconsciente permanece activa. Por este motivo los
sonámbulos pueden andar dormidos.

¿Cómo se desencadena la hipnosis?

El hipnotizador emplea distintas técnicas —fijación de la mirada, ruidos o luces— para que el paciente entre en una especie de sueño. Mediante una serie de órdenes, el paciente recuerda hechos olvidados o modifica su conducta. La hipnosis se emplea en el tratamiento tanto de enfermedades psíquicas como físicas.

¿Cómo respiramos?

Los pulmones son la parte esencial del aparato respiratorio. Es aquí donde se realiza el intercambio de gases gracias a dos movimientos: el de inspiración y el de espiración. Al inspirar se ensancha la caja torácica y penetra en los pulmones el oxígeno del aire. Al espirar, ésta se contrae y expulsamos el anhídrido carbónico.

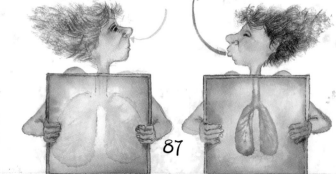

87

¿Cómo es la médula espinal?

Tiene la forma de un tallo cilíndrico. Baja del cerebro por el interior de la columna vertebral y se ramifica por todo el cuerpo. Esta sustancia blanda de color blanco o grisáceo forma parte del sistema nervioso central. En ella se localizan los centros nerviosos que controlan y coordinan el movimiento y la sensibilidad del cuerpo.

¿Cómo actúa el alcohol sobre el cerebro?

El alcohol pasa rápidamente a la sangre a través de los vasos capilares. Por esta vía, llega a las células nerviosas del cerebro, que dirige la conducta y los movimientos del cuerpo. Produce una repentina alegría, imposibilidad de coordinar los movimientos, náuseas, vómitos, sueño...

¿Cómo funciona el cerebro?

El cerebro es el centro de control de nuestro cuerpo. Sus más de quince millones de células regulan los movimientos automáticos y conscientes de nuestro organismo. Posee dos mitades llamadas hemisferios. El hemisferio derecho controla las actividades artísticas e imaginativas. El izquierdo, el pensamiento y el lenguaje.

¿Cómo trabaja la memoria?

La capacidad de recordar se sirve de varios mecanismos. La memoria instantánea recuerda cosas vistas u oídas en décimas de segundo. La memoria a corto plazo retiene datos durante cinco minutos. La de a largo plazo almacena información toda la vida.

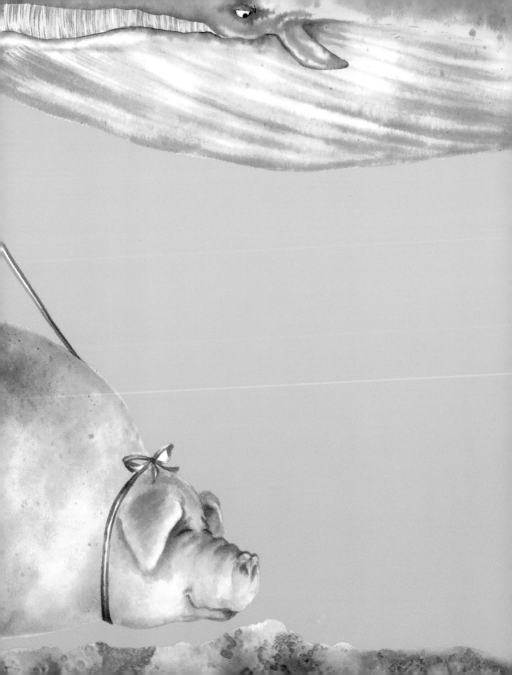

En el campo y en el mar

¿Cómo se hacen los pozos artesianos?

Los pozos artesianos se construyen en tierras que están húmedas porque filtran el agua que hay debajo. Esta capa de agua subterránea tiene que estar alimentada por una bolsa de agua situada en un lugar más alto que el suelo que se va a perforar. Al taladrarlo, el agua sale a presión, pues se ha eliminado la tierra impermeable que la frenaba.

¿Cómo se riegan los cultivos?

Desde la Antigüedad, el hombre ha empleado variados sistemas para proporcionar humedad a sus cultivos. Actualmente se construyen grandes embalses y una abundante red de canales para practicar el riego por inundación (encharcamiento), aspersión (el agua cae como lluvia fina) o goteo (el agua cae gota a gota).

¿Cómo se desecan los terrenos?

Cuando el terreno inundado está en una zona muy hundida, se utilizan potentes bombas de aspiración para eliminar el agua. Si el terreno inundado está en un lugar elevado, se excava una red de pequeños canales inclinados para que el agua corra y desaparezca. Generalmente, se emplean los dos métodos a la vez.

¿Cómo se combaten los incendios forestales?

Para sofocar un incendio forestal, los técnicos estudian las condiciones del terreno y la dirección del viento. El siguiente objetivo es aislar el foco del incendio y apagar los distintos frentes. Esto se consigue excavando anchos cortafuegos y arrojando agua desde camiones cisterna o avionetas.

¿Cómo re realiza la repoblación forestal?

Toda repoblación forestal supone un estudio previo de la zona que se va a repoblar. Teniendo en cuenta el suelo y las condiciones climáticas, se elegirán las plantas más adecuadas para ese lugar. Antes de sembrar o plantar los árboles, se acondiciona el terreno con distintas obras preparatorias.

¿Cómo se podan los árboles?

La poda se lleva a cabo en otoño o primavera con el fin de mejorar el crecimiento y la producción de una planta. Para eliminar las ramas sobresalientes, se deben dar cortes limpios y secos. Las herramientas más adecuadas son el hacha, el serrucho o las tijeras de podar.

¿Cómo se realiza el transporte fluvial de la madera?

Los ríos, sobre todo en su curso alto y medio, son una vía estupenda para transportar los troncos de los árboles cortados. Para lograrlo, se arrojan los troncos al agua con el fin de que la corriente los arrastre. Los gancheros, hombres provistos de pértigas terminadas en un gancho, dirigen los troncos saltando de unos a otros.

95

¿Cómo se buscan las trufas?

Las trufas son unos hongos negros que crecen dentro de la tierra en los bosques de encinas o robles. Para buscar trufas se emplean cerdos o perros amaestrados que detectan este fruto con el olfato. El perro coloca su pata encima de la tierra y el dueño escarba y recoge este excelente condimento.

¿Cómo se obtiene el café?

El café es el fruto de un árbol llamado cafeto. Cuando las bayas están maduras, se recogen a mano, una a una. Posteriormente, se secan o se hierven para separar los granos de su envoltura. Después se tuesta para que adquiera ese olor tan característico.

¿Cómo se recolecta el té?

Las hojas se recogen a mano, una a una. La que da el mejor té es la hoja más joven y tierna. Nunca se cortan las hojas duras. La recolección de hojas se lleva a cabo a lo largo de todo el año. Una vez cortadas, se extienden para secarlas. A veces, las hojas se perfuman con jazmín u otras flores.

¿Cómo se cultiva el árbol del cacao?

Este árbol tan delicado necesita humedad y calor. Los brotes se plantan a la sombra en un vivero. Ocho meses después, se trasplantan los arbolitos a un lugar resguardado por árboles más altos. Aunque pueden medir quince metros, se hacen podas sucesivas para que no superen los cinco. Así es más fácil recoger sus frutos.

98

¿Cómo se pesca en la orilla?

Este tipo de pesca se realiza en las playas durante la bajamar. Ayudados por una pala se pueden coger berberechos si hay en la arena, cada poco trecho, dos agujeritos juntos. El rastrillo se empleará para encontrar las almejas. El alambre se introducirá para buscar navajas, que también se recogen echando agua salada por el agujero que hay en la arena.

¿Cómo se practica la pesca de arrastre?

Esta modalidad de pesca es la más extendida entre los buques pesqueros. Recibe este nombre porque las redes, situadas en el fondo marino, son arrastradas por el buque. Poseen en su boca de entrada unas «alas de invitación» que animan a los peces a penetrar en el saco. Se recogen izándolas por medios mecánicos.

99

¿Cómo se lleva a cabo la pesca de bajura?

Se llama pesca de bajura porque se realiza en las zonas próximas a la costa, que tienen menos profundidad que alta mar. Los pescadores colocan distintos tipos de redes a recipientes: unos los dejan flotando en el agua y otros los sitúan en el fondo. Con estos aparejos fijos se pescan los congrios, las rayas y crustáceos como la langosta o las gambas.

¿Cómo se pesca por la noche?

Las sardinas y las anchoas se pescan por la noche. Los pescadores tiran la red y ponen en funcionamiento un gran farol que hay en el barco. Las sardinas y las anchoas, atraídas por la luz, caen en la red de la jabega. Esta red es como una ancha bolsa que, una vez llena, es arrastrada por el barco a la playa.

¿Cómo se lleva a cabo la acuicultura?

La acuicultura es la cría de animales marinos. Ésta se lleva a cabo en estanques especiales donde los peces son alimentados artificialmente por el hombre. De este modo, se crían salmones, lubinas, rodaballos y lenguados. También se cultivan de una forma similar las ostras y los mejillones.

¿Cómo se conserva el pescado?

Los métodos más antiguos para conservar el pescado son el ahumado y la salazón. Una vez vaciados y limpios, los pescados se secan mediante el humo de leña o recubriendo el pescado con sal. También el pescado se puede conservar en aceite o por congelación, que se lleva a cabo en el mismo barco pesquero.

¿Cómo es un puerto pesquero?

Es un lugar resguardado de la costa, de donde salen y adonde llegan los barcos pesqueros. Los pescadores descargan el pescado en el muelle y lo venden en la lonja, un edificio que está dentro del puerto. Los que compran el pescado se llaman asentadores. Ellos se encargan de distribuirlo por los grandes mercados del país.

¿Cómo piden auxilio los barcos?

Además de comunicarse por radio, los barcos emplean banderas para comunicarse con otros barcos cercanos. Éstas son las señales de socorro que suelen enviar: *Tengo avería. Tengo incendio. Necesito auxilio. Preciso asistencia médica. Necesito remolcador.*

¿Cómo se mide la profundidad del agua en el mar?

El sondador acústico colocado en los barcos mide la profundidad de las aguas del mar. Este aparato posee un emisor de ondas y un receptor que capta las vibraciones reflejadas en el fondo. Un registrador lee la profundidad teniendo en cuenta el tiempo transcurrido entre la emisión de la señal y la recepción del eco.

¿Cómo se mide la velocidad de un barco?

La velocidad de un barco se mide por nudos. Un nudo corresponde a una milla por hora. La milla marina equivale a 1.852 metros. Recibe este nombre porque, antiguamente, la velocidad se medía tirando un cordel con nudos por la parte trasera del barco.

¿Cómo se navega en contra del viento?

Cuado el viento sopla en contra, las naves sólo pueden avanzar si lo hacen en zigzag. Este movimiento lo consiguen virando la nave sucesivas veces para poder ajustarse oblicuamente al soplo del viento.

¿Cómo se orientan las ballenas?

Emiten unos sonidos que, al chocar contra los obstáculos, devuelven el eco. Esto les permite hacerse una idea de la distancia a la que se encuentran los animales y objetos de su entorno.

¿Cómo se originan las distintas razas de perros?

El perro procede del lobo y fue domesticado por el hombre. Había varias razas de lobos de las que proceden las razas actuales de perros. Así, del lobo europeo proceden los terriers, los perros de pastor y los perros enanos. Del lobo de la India derivan los perros guardianes, los galgos y los sabuesos. Del lobo chino, los perros enanos orientales y los spaniels. Y del lobo norteamericano tenemos los spitz.

¿Cómo hace la araña su tela?

Teje la seda segregada por sus glándulas abdominales.
Fija la hebra en un punto y la lleva hasta el otro
extremo. Después hace otro hilo paralelo al primero y
teje la red interna uniendo la red superior con la
inferior mediante un hilo. Esto lo hace varias veces y
crea un espacio cuadrado, luego tiende dos líneas que
se cruzan y sujetan en un punto, y desde ahí traza
nuevos hilos hasta los extremos fijando la hebra.
Recubre la tela con una sustancia viscosa y espera a
que los insectos queden en la red.

¿Cómo puede libar las flores el colibrí?

Este pájaro diminuto se alimenta del néctar de las flores
y para eso se queda suspendido en el aire, saca su
lengua tubular, larga y bífida, y la introduce en la
corola de las flores.

¿Cómo se hace...?

¿Cómo se elabora la cerveza?

Esta bebida se elabora con cebada y lúpulo. Primero se transforma la cebada en malta, para lo que se germina artificialmente la cebada y se tuesta en estufas. Después se muele la malta y, convertida en harina, se mezcla con agua. La pasta pasa a la caldera de infusión a una temperatura de 60-70 °C; así se obtiene un mosto rico en maltosa. Este mosto azucarado se hierve en calderas de cocción y se añade el lúpulo, que da el sabor amargo a la cerveza. Se enfría y se fermenta, transformándose, por efecto de una levadura, en alcohol y gas carbónico. Cuando la cerveza se clarifica se envasa en toneles o botellas para que conserve el gas carbónico a presión.

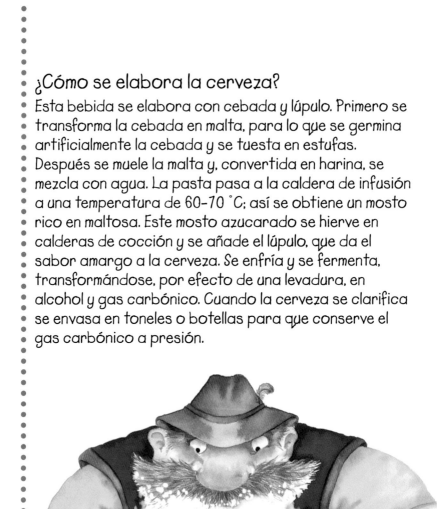

¿Cómo se hace el queso?

Primeramente se hierve la leche de vaca, oveja o cabra para destruir las bacterias que contiene. A continuación, se le añade cuajo a la leche para que fermente y se coagule. La masa resultante se llama cuajada que, tras ser exprimida para eliminar el suero, se pone en moldes. Finalmente, se sala cada pieza y se deja en reposo hasta su sazón.

¿Cómo se elabora el tabaco?

Una vez secadas las hojas de la planta del tabaco en locales climatizados, se apilan en fardos que se humedecen para que fermenten. Durante un tiempo, estas hojas estarán en reposo en un ambiente húmedo para que sazonen. Finalmente, se envían las hojas a las tabacaleras, donde se elaboran los cigarros puros o los cigarrillos.

¿Cómo se hace el vino?

Los racimos de uvas se echan en la máquina pisadora, que los convertirá en mosto. Éste se deposita en tinajas para que fermente. Los azúcares del mosto se transforman en alcohol gracias a una bacteria que posee la piel de la uva. Tras filtrados sucesivos, el vino se purifica y pasa a ser embotellado.

¿Cómo se catan los vinos?

El catavinos es el profesional que descubre y describe las características de cada vino que prueba. Ayudado por la venencia, objeto de mango largo al que va sujeto un recipiente, extrae el vino de la cuba y lo sirve en un vaso. Tras observarlo, olerlo y saborearlo, enumera sus características.

112

¿Cómo se elabora el chocolate?

El chocolate se fabrica con las semillas del cacao. Una vez seleccionadas, se tuestan y se trituran, hasta formar una pasta que se mezcla con azúcar. Finalmente se añade leche en polvo. Esta nueva pasta se coloca en moldes calientes para que el chocolate adquiera la forma deseada. Finalmente, se enfría y se empaqueta.

¿Cómo se obtiene la sal?

La sal común se obtiene del agua del mar o de yacimientos terrestres. En el primer caso, se conduce el agua del mar a estanques —salinas— donde, por efecto del sol, el agua se evapora quedando en el fondo la sal. Para extraerla de los yacimientos, se perfora el suelo, se inyecta agua dulce a presión y se recupera mediante una bomba; posteriormente, se la somete a evaporación.

¿Cómo se elabora el pan?

En la actualidad, se fabrica el pan mecánicamente. Una primera máquina tamiza y humedece con agua la harina. Esta mezcla pasa a la amasadora, que la voltea hasta conseguir la consistencia deseada. Se añade levadura a la masa y se deja reposar. Finalmente, se moldea y se corta antes de entrar en el horno de cocción.

¿Cómo se elabora el azúcar?

El azúcar se extrae de la remolacha y de la caña, que poseen gran concentración de glucosa. Ambas plantas se trituran en la central azucarera para extraerles el jugo. Éste se calienta con el fin de evaporar el agua y obtener los cristales de azúcar. Por último, el azúcar se blanquea con agua o vapor.

¿Cómo se obtiene el aceite de oliva?

Las aceitunas se transportan hasta la almazara. Allí se lavan y se trituran hasta conseguir una pasta de la que sale el aceite virgen. La pasta resultante se comprime en una prensa hidráulica para extraer el segundo aceite. Mediante un tercer prensado se obtiene el orujo de aceite, que es de muy baja calidad.

¿Cómo se obtienen los alcoholes?

Los alcoholes se obtienen por la destilación del vino o de frutos y cereales fermentados. Existen numerosas variedades de alcohol. El más conocido es el etílico, que procede de la fermentación de la glucosa de la uva. El alcohol se emplea en la fabricación de bebidas, licores, disolventes, colorantes o anticongelantes.

¿Cómo se fabrica el jabón?

El jabón se elabora industrialmente en grandes calderas abiertas provistas de un serpentín de vapor. Se emplean grasas a las que se añade agua y sosa cáustica, cuya mezcla se hierve. Durante la ebullición se añaden sales a la masa para activar la precipitación del jabón líquido. Éste es absorbido desde arriba por un tubo articulado que lo lleva al depósito de enfriamiento y solidificación.

¿Cómo se obtienen los perfumes por destilación?

Los perfumes de origen vegetal se extraen de diversas partes de la planta. Lo primero que se obtiene es la esencia. Para conseguirla, se ponen las flores u otra parte de la planta con agua en un alambique. Al hervir, el vapor de agua arrastra el aceite esencial de la flor y su perfume. Posteriormente, se mezcla esta agua perfumada con alcohol para preparar el agua de colonia o el perfume.

117

¿Cómo se obtienen los colorantes?

Los colorantes son productos que tiñen fibras minerales o vegetales. Antiguamente los colorantes se extraían de los vegetales. La genista y el brezo rosa teñían de amarillo; la manzanilla, de naranja; el lirio y el nenúfar teñían de negro. Actualmente, los colorantes se obtienen sintéticamente en el laboratorio, a partir de los hidrocarburos contenidos en el alquitrán de la hulla.

¿Cómo se fabrica el hilo de lana?

Tras esquilar a la oveja, se lava el vellón varias veces para eliminar la grasa, el sudor y las briznas de hierba. Después se desenreda la lana con una cardadora y, posteriormente, una máquina la retuerce y estira convirtiéndola en hilo de distinto grosor. Se tiñe y se dispone el hilo en madejas, ovillos o bobinas.

118

Iris Florentina.

Sambucus nigra

¿Cómo se confeccionan los tapices?

Un tapiz es un tejido hecho con hilos de lana o seda con los que se reproducen distintas escenas. Se pueden elaborar entramando los hilos sobre un telar vertical o sobre un telar horizontal accionado por pedales. En ambos casos el artesano parte de un cartón en el que está dibujada la escena que debe reflejar en el tapiz.

¿Cómo se elabora la pasta de papel?

Las fibras de celulosa procedentes de determinados árboles se trituran, mezclan y cuecen. La pasta obtenida pasa por una gran alfombra móvil que la seca y la transforma en una hoja continua. Tras pasar por distintos rodillos que la blanquean, adelgazan, alisan y secan, esta enorme hoja se enrolla en unos grandes rollos.

¿Cómo se fabrica la seda?

Quien produce la seda es el gusano de la seda u oruga blanca. Una vez que ha fabricado sus capullos de seda, éstos se introducen en agua hirviendo. Se baten con una especie de escobilla circular para separar la seda. Finalmente, la seda se seca y se hila.

¿Cómo se hacen los curtidos?

El proceso se inicia con el secado de la piel bajo la acción de sustancias químicas especiales. A continuación, se eliminan el pelo y los trozos de carne pegados a la piel, antes de lavarla y purgarla. Preparada ya la piel, se curte impregnándola con taninos, sustancias que le dan flexibilidad y evitarán que se pudra.

¿Cómo se repuja el cuero?

Con el repujado se da volumen al cuero. Primeramente, el artesano reproduce en plastilina dura el motivo decorativo. Humedece el cuero con agua y lo coloca, por la parte del revés, encima de la plastilina. Con un modelador le va dando forma. Una vez seco, se le da una mano de cola blanca para mantener el volumen. Por último, rellena el hueco del repujado con algodón para que el volumen no baje.

121

¿Cómo se hace el calzado?

En la actualidad, el calzado se elabora en fábricas organizadas en cadena. La materia empleada es el cuero o la piel. Las piezas se troquelan mecánicamente a partir de unos diseños previos. A continuación, otras máquinas realizan las labores del moldeo, cosido, forrado, ribeteado, clavado y pegado.

¿Cómo se fabrica el vidrio industrial?

Para fabricar vidrio se necesita arena y cal (o sosa), que se mezclan en una vasija llamada crisol. El crisol se calienta en un horno a más de 1.500 ˚C de temperatura y se produce una pasta muy blanda que se puede moldear a mano o por soplado.

122

¿Cómo se decora el cristal?

La decoración artística del cristal se realiza a mano. Hay distintas técnicas: pintura al fuego, esmaltado o tallado. Esta última es la más compleja. Con ayuda de muelas de acero, gres o esmeril, el artesano va grabando en la pieza los dibujos previamente diseñados. El tallado aumenta la luminosidad y el brillo del cristal.

¿Cómo se sopla el vidrio?

El vidriero recoge un poco de masa de vidrio blanda (posta), con la punta de un tubo hueco que se llama caña. Se apoya en una mesa especial y gira la caña para igualar la masa. Sopla entonces por la otra punta de la caña y la masa comienza a inflarse. Posteriormente, con tijeras y pinzas, le da la forma deseada antes de que el vidrio se enfríe.

¿Cómo se hacen los vitrales?

El vidriero pinta en un cartón el motivo de la
vidriera. Lo calca en un papel y lo colorea. Recorta
los trozos del dibujo y los agrupa por colores. Con
estas plantillas de papel, corta el vidrio y emploma
las piezas. Después pinta sobre la vidriera los
motivos del cartón y la mete en el horno. Por último,
emploma definitivamente las piezas.

124

¿Cómo se tallan los diamantes?

Para conseguir la máxima transparencia y ausencia de impurezas en el diamante, éste se parte en dos con un disco de cobre cuyo filo tiene pasta de polvo de diamante. Posteriormente, se entalla la pieza frotándola con otros diamantes. Una vez abrillantado y pulimentado, el diamante está listo para engarzarlo.

¿Cómo se hacen las joyas?

El joyero parte siempre de un diseño previo. Una vez elegido el metal precioso, trabaja por separado las distintas piezas que integran esa joya. Martillea sobre el yunque el metal para darle la forma elegida, lo labra con el cincel, lo graba, lo pule... Finalmente suelda las piezas y engarza las piedras preciosas.

125

¿Cómo se forja el hierro?

Para dar forma al hierro, primeramente hay que calentarlo a una temperatura adecuada. A golpe de martillo y con la ayuda de otras herramientas auxiliares – punteador, buril, tajadera– se irá modelando la pieza en el yunque.

¿Cómo se damasquinan los metales?

El damasquinado es una técnica minuciosa empleada para embellecer armas, vasos, candelabros o armaduras de hierro, acero o bronce. Se consigue incrustando en el metal pequeñas laminillas de oro, plata o cobre. Para realizar este trabajo, el artesano utiliza un martillo y un punzón.

¿Cómo se realiza un «collage»?

Consiste en encolar o pegar, sobre cualquier superficie, papeles u otros materiales pintados con los colores más diversos. El objetivo de esta técnica pictórica es producir en el espectador asociación de ideas.

¿Cómo se componen los mosaicos?

El artesano cubre el suelo o la pared con una capa de yeso. Inmediatamente después, dibuja sobre el yeso el motivo decorativo. A continuación, coloca encima las teselas de colores, diminutas piezas de vidrio o cerámica.

¿Cómo se fabrica la porcelana?

Para fabricar porcelana se hace una masa con feldespato, cuarzo y caolín. Una vez filtrada la masa, se modela en el torno o se vierte sobre moldes de yeso que, una vez secos, se cuecen a 900 °C. A continuación se sumerge en una papilla vítrea y se vuelve a cocer a 1.500 °C. Luego se barniza y decora, antes de volverla a cocer.

¿Cómo se elabora el lacado?

La técnica del lacado se utiliza para decorar objetos, generalmente de madera. Con un pincel muy fino se da una capa de laca que se deberá secar en un ambiente cálido y húmedo. Una vez seca la capa de pintura, se pule con un carbón vegetal y se da una nueva capa, repitiendo el proceso anterior.

¿Cómo se obtiene la perspectiva?

- Para dibujar los objetos tal y como los vemos, hay que tener en cuenta el objeto que se representa, el punto de vista del dibujante y la superficie donde se dibuja. El artista se fija en varios puntos del objeto y los proyecta sobre uno o varios planos según la perspectiva que quiera usar: caballera, axonométrica o cónica.

¿Cómo se talla la madera?

El artista parte de un modelo en yeso. Con los instrumentos adecuados, el pantógrafo y el transportador, señala sobre la madera los puntos básicos de su obra. Tras eliminar la madera sobrante con la escofina, talla la pieza con la gubia. A veces, recubre la obra acabada con tela estucada para policromarla, es decir, pintarla.

¿Cómo se esculpe el mármol?

El escultor parte de un modelo vivo o plasmado en yeso para obtener los puntos de referencia. Tras fijar estos puntos en el mármol, procede al esbozo con el cincel. A continuación, modela la piedra con la almácena o mazo de hierro y, finalmente, la pule con limas de acero, piedra pómez o arena.

¿Cómo se funden en bronce las estatuas?

El método más usado es el de «fusión a la cera perdida». Una vez hecho el modelo en barro, se recubre con cera líquida y luego con arcilla. Se mete en el horno para que el calor endurezca el barro y funda la cera, que deja un espacio libre en el que se introduce el bronce líquido. Roto el barro, aparecerá la figura de bronce.

¿Cómo se aplica el dorado?

El dorado es el arte de revestir con oro objetos valiosos. Los artesanos lo hacen a mano y aplican distintas técnicas según el material del objeto. Para revestir madera, tela y cuero se utiliza el dorado al mercurio. Las maderas estucadas se doran con laminillas de oro, llamado pan de oro.

¿Cómo se combinan los colores?

El rojo, el amarillo y el azul son colores primarios. Se llaman así porque el resto de los colores se crea a partir de ellos. Mezclando los colores primarios obtendremos los secundarios: azul más amarillo da el verde; rojo más azul, el morado; amarillo más rojo da el naranja. Con nuevas mezclas se obtienen nuevos colores.

¿Cómo se practica el ikebana?

El ikebana es un arte japonés que se expresa disponiendo sobre un jarrón las más variadas flores y plantas. Este arte floral tan delicado se basa en unas

¿Cómo se hace un jardín?

Un buen especialista convertirá un terreno vulgar en un bello lugar poblado de árboles y plantas. Para conseguirlo, tendrá en cuenta las características del terreno y sus dimensiones. Una vez elegidas las plantas y árboles más adecuados, integrará en el jardín las fuentes, estatuas, paseos, zonas de recreo y descanso.

reglas precisas, ya que los materiales empleados tienen un valor simbólico. El ikebana es considerado en Japón como un arte pictórico y poético.

¿Cómo se pinta al pastel?

Esta técnica se ejecuta en seco sobre papel granulado o cartón estucado. Se aplica con barras de lápiz blando de colores que pueden fácilmente difuminarse con los dedos o con un algodón. Para que no se deterioren las obras, se emplean sustancias fijadoras en aerosol.

¿Cómo se pinta a la acuarela?

La acuarela es una técnica pictórica que se realiza sobre papel o cartón, previamente humedecido. Para pintar se emplean, exclusivamente, pigmentos de color disueltos en agua, con los que se pueden conseguir tonos muy delicados. La pintura a la acuarela no admite rectificaciones.

¿Cómo se pinta al gouache?

Esta técnica pictórica, al igual que la acuarela, usa pigmentos de color disueltos en agua. Para hacer más espesa la pintura, normalmente se añade miel o goma arábiga. Sin embargo, no tiene la transparencia de la acuarela ni el brillo del óleo. Se seca con rapidez y admite modificaciones.

¿Cómo se realiza el aguafuerte?

Técnica de grabado realizada sobre una plancha de cobre bañada en barniz. Con un buril se dibuja sobre el barniz, procurando que el trazo llegue al metal. Luego, la plancha se sumerge en aguafuerte, que hará surcos sobre el cobre rayado. Se quita el barniz y se llenan los surcos de la placa con tinta. Al estampar la plancha sobre un papel se reproduce la imagen de la plancha.

¿Cómo se pinta al óleo?

Esta técnica pictórica se lleva a cabo con pinturas compuestas por pigmentos minerales o animales fijados con aceites vegetales. Se puede pintar al óleo sobre superficie de tela, de madera y cartón. Esta técnica logra reflejar las variaciones de la luz y la densidad de las sombras. Admite todo tipo de retoques.

¿Cómo se pinta al temple?

El temple es una pintura formada por la mezcla de pigmentos de color con clara de huevo. Antes del óleo fue la técnica más usada por los europeos desde el siglo XIII al XV. Actualmente, se aplica sobre una superficie de yeso y se seca rápidamente.

¿Cómo se pinta al fresco?

Para pintar al fresco hay que enyesar o revocar la pared sobre la que se va a trabajar. Una vez que se ha realizado el diseño de la composición sobre un cartón, éste se calca en la pared, marcando al carbón los contornos del dibujo. Finalmente, se colorea con pinturas minerales diluidas en agua. Esta técnica no permite correcciones.

¿Cómo se pinta con acrílicos?

En esta técnica pictórica se emplean pinturas hechas con látex que se diluyen en agua. Se puede pintar con acrílicos sobre cualquier superficie. Los efectos que se logran son en parte como acuarela y en parte como óleo. Permite todo tipo de rectificaciones y se seca rápidamente.

¿Cómo se instala un museo?

Antes de colocar cualquier obra de arte, hay que tener en cuenta la luz que va a recibir y la perspectiva desde la que será contemplada. Además, el museo contará con especialistas que cataloguen, conserven, restauren y expliquen las obras de arte a los visitantes, así como con numeroso personal de seguridad y vigilancia.

¿Cómo se embalan las obras de arte?

El transporte de obras de arte debe garantizar la integridad de los objetos. Usualmente, se embalan en cajas muy sólidas, provistas de soportes y almohadillado interior. Cuando se transportan por mar, se emplean recipientes herméticos, rellenos de resina sintética. Las obras de arte van recubiertas con cartón embreado.

¿Cómo se restauran las pinturas?

Mediante la restauración se prolonga la vida de las pinturas y se les devuelve su aspecto original. La tela y la madera del cuadro son las que más sufren la acción de la humedad y del paso del tiempo. Para fortalecerlos se emplean fijadores, grapas metálicas o inyectado de colas.

¿Cómo se investigan las falsificaciones?

Descubrir las falsificaciones o imitaciones de obras de arte o de cualquier otro objeto valioso es complicado. Los métodos que se emplean son muy diversos: rayos X, pruebas químicas, examen mineralógico, pruebas del carbono 14... También se recurre al análisis estético e histórico realizado por especialistas.

139

¿Cómo se fabrica el aglomerado de madera?

El aglomerado de madera se obtiene mezclando finísimas virutas de los despojos de la madera con cola sintética. La pasta resultante se vierte en moldes especiales de distintos tamaños que son prensados por una potente máquina. En este proceso interviene la acción del agua y del vapor a temperaturas superiores a los 50 °C.

¿Cómo se elabora el cemento?

El cemento es una mezcla de sustancias calcáreas y arcillosas. Su fabricación se inicia con la trituración de masa de caliza y arcilla. Esta mezcla se cuece a una temperatura de 1.450 °C en hornos giratorios de grandes dimensiones. Una vez enfriado este material, se muele añadiendo un poco de yeso.

¿Cómo se produce el acero?

El acero se produce en convertidores y hornos especiales. Una vez que los materiales están fundidos –hierro y carbono– se insufla aire enriquecido en oxígeno que elimina el exceso de carbono y de impurezas. Luego se vuelca el convertidor y la masa de acero se deposita en los moldes, donde se enfría y solidifica.

¿Cómo se construye un rascacielos?

Estos gigantescos edificios descansan en unos cimientos rellenos de hormigón armado. La estructura interior del edificio es de acero u hormigón, materiales que aseguran la resistencia del edificio. Las paredes suelen ser de cristal.

141

¿Cómo se hacen los sellos?

Primeramente se dibuja un diseño previo que se
imprime en papel afiligranado, con signos secretos
para evitar su falsificación. La impresión se hace con
cilindros; cada uno estampa un color diferente.
Después se le añade la goma del dorso y se troquela
con las perforaciones laterales características.

¿Cómo se elabora el censo?

El censo registra el número de habitantes que tiene
un país y la riqueza que posee. Lo elabora el
Instituto Nacional de Estadística extrayendo la
información de unos cuestionarios que rellenan los
individuos y las familias. Algunas de las preguntas de
estos cuestionarios son: número de miembros que
integran la familia, edad, lugar donde habitan, bienes
que poseen...

¿Cómo se acuña la moneda?

Una vez elegida la aleación que se va a emplear, se funden los metales y se laminan los lingotes. Mediante un troquel se fabrican los cospeles o discos de moneda. Una vez limpios de impurezas, los cospeles quedan listos para la acuñación, que se realiza por medio de cuños metálicos de una dureza especial. De este modo se graba la cara y la cruz de la moneda.

¿Cómo se hace una carretera?

Una vez allanado el suelo, se colocan varias capas de piedra desmenuzada y tierra para facilitar el drenaje del agua cuando llueva.
Tras ser apisonados estos materiales por el cilindro, se cubren con hormigón o asfalto. Las carreteras de hormigón suelen ser más duraderas que las de asfalto y exigen menos cuidados de conservación.

¿Cuándo surgió...?

¿Cuándo surgió el hacha?

Más o menos hacia el año 1.300.000 a. de C., en la Edad de Piedra, el hombre creó herramientas que utilizaba tanto para el trabajo como para defenderse. Con las puntas afiladas de las hachas de piedra, cortaban carne, talaban ramas para hacer refugios, fabricaban ropas, tallaban huesos y cuernos.

¿Cuándo surgió el arco?

100.000 años a. de C. los pueblos prehistóricos usaban ya el arco para cazar animales, tarea que hacían en grupo. Famosa es la leyenda del arquero suizo Guillermo Tell, que tuvo que disparar, a riesgo de herir a su hijo, a la manzana colocada sobre la cabeza de éste.

¿Cuándo surgió la espada?

En el año 2000 a. de C. los egipcios ya conocían las espadas de bronce, que fueron las primeras realizadas en metal. Durante la Edad Media pasó a ser arma noble, inseparable de todo caballero. La entrega de la espada era una muestra de rendición o sumisión.

¿Cuándo surgió la armadura?

En el siglo XVI a. de C. los asirios ya utilizaron la armadura, o conjunto de piezas metálicas para proteger el cuerpo de los combatientes. El elemento protector más antiguo fue el escudo. La armadura llegó a su máximo esplendor en la Edad Media.

¿Cuándo surgió la honda?

Alrededor del año 1013 a. de C., el joven pastor David derribó al gigantesco guerrero filisteo Goliat con una honda (compuesta por una sencilla trenza de material flexible con la que se lanzaba una piedra), y le decapitó. Por su destreza, son famosos los honderos baleares que mantienen esta tradición.

¿Cuándo surgió la bomba?

En el siglo XVI apareció la versión primitiva de la bomba. Era una granada esférica hecha de hierro colorado y relleno de pólvora. En la actualidad hay cuatro tipos: demoledoras (utilizadas para destrucciones de superficie), perforantes (su misión es atravesar blindajes antes de hacer explosión), fragmentarias (empleadas contra personas), de metralla o balines, muy utilizadas en la I Guerra Mundial.

¿Cuándo surgió la mina magnética?

En 1503 el español Pedro Navarro hizo volar la muralla de Castel de Ovo, en Nápoles, utilizando la pólvora. Actualmente la denominación de mina designa a las cargas explosivas, terrestres o marítimas, provistas de artificio de disparo mediante vibración, inducción magnética, o audiofrecuencia.

¿Cuándo surgió el mortero?

En 1525 se utilizó por primera vez el término aplicándolo al gran mortero de Moscú. Durante el siglo XVII fue utilizado, con un diseño rudimentario, por los españoles. Aquellos morteros lanzaban piedras y proyectiles incendiarios. Pero cuando desempeñó un papel eficaz fue en la Guerra de Secesión norteamericana y durante la II Guerra Mundial.

¿Cuándo surgió el mosquete?

Hacia mediados del siglo XVI fue inventado por los españoles, y llegó a ser el arma de las tropas de las principales potencias europeas. El mosquete es un arma de fuego mucho más larga, y de mayor calibre que el fusil, y se dispara apoyándolo sobre una horquilla.

¿Cuándo surgió el ariete?

En el año 744 a. de C. los asirios, y de forma muy especial en la Edad Media, todos los ejércitos utilizaron el ariete para abrir brechas en las fortificaciones del enemigo. Algunos arietes llegaron a pesar 68.000 kilos, y requerían la fuerza de mil hombres para moverlos.

¿Cuándo surgió la catapulta?

En el siglo VIII a. de C. los asirios, y más tarde los romanos y otros pueblos en la Antigüedad y en la Edad Media, utilizaron la catapulta para lanzar grandes piedras por encima de altos muros, y sobre todo las fortificaciones enemigas.

¿Cuándo surgió la cerbatana?

En el siglo XII los árabes la utilizaron contra los cruzados de San Juan de Acre. Sin embargo, la cerbatana era ya un arma empleada para la guerra y la caza por los pueblos indígenas americanos, que vivían en América del Sur, México, y en lo que es hoy el estado de Nueva York. También fue muy usada en la Europa medieval.

¿Cuándo surgió el cañón?

En el siglo XIII los árabes usaron el cañón en España durante la Reconquista; lo llamaron «el trueno de fuego». El primer cañón utilizó cargas de pólvora para lanzar piedras o bolas de metal. La primera descripción concreta de un cañón data de 1313, y fue realizada por un monje alemán llamado Berthold Schwarz.

152

¿Cuándo surgió la ballesta?

En el siglo XIII apareció en Europa, aunque era ya conocida por los antiguos romanos. Fue utilizada para la guerra y el deporte de carga. Era potente, pero difícil de recar<Ninguno> gar. Consistía en un palo de madera con un arco de hierro, madera o acero que lo cruzaba en los ángulos rectos.

¿Cuándo surgió el arcabuz?

En el siglo XV empezó a utilizarse como arma portátil. Estaba compuesto por un cañón pesado y una ballesta común. Eran necesarios varios soldados para sujetarlo, mientras otro lo disparaba, por lo que su uso resultaba poco práctico.

¿Cuándo surgió la alabarda?

En el siglo XV se introdujo en Europa, aunque su origen se sitúa en China. Es un arma ofensiva que consta de un asta de madera de dos metros de largo, y de una moharra con cuchilla transversal, aguda por un lado, y de figura de media luna por otro. En la actualidad la sigue usando, de adorno, la guardia suiza del Estado Vaticano.

¿Cuándo surgió la pistola?

Durante el siglo XVI se generalizó el uso de la pistola, ante la necesidad de proveer a la caballería de un arma de fuego manejable. Aquellas pistolas se cargaban por la boca, y eran de un solo tiro. Más tarde Samuel Colt inventó el revólver, que a su vez fue sustituido por la pistola automática.

¿Cuándo surgió el fusil?

Hacia el año 1630 el fusil vino a reemplazar al antiguo mosquete. Fue el arma portátil dominante hasta mediados del XIX. Se usaba con las manos o apoyada en el hombro. Modernamente el fusil se fabrica en versión automática o de asalto.

¿Cuándo surgió la bayoneta?

En 1640 se construyó en Bayona (Francia) por primera vez una bayoneta. Es un arma blanca que usaban los soldados de infantería, complementaria del fusil, a cuyo cañón se adapta exteriormente junto a la boca.

¿Cuándo surgió el trabuco?

En el siglo XIX fue el arma predilecta de guerrilleros, contrabandistas y saqueadores en España. Era un arma de fuego corta y de mayor calibre que la escopeta ordinaria, con llaves de pistón y boca acampanada.

¿Cuándo surgió el torpedo?

En 1860 Giovanni Battista Luppis ideó el primer torpedo como arma de aplicación submarina. Más tarde, en 1868 junto con Robert Whitehead diseñó el primer torpedo moderno provisto de una carga explosiva, que tenía por objeto echar a pique al buque que chocara con ella o se colocara dentro de su radio de acción. Los torpedos pueden ser propulsados por aire comprimido, a vapor, o por electricidad.

¿Cuándo surgió el lanzallamas?

Durante la I Guerra Mundial (1914-1918) el lanzallamas consiguió un enorme impacto psicológico debido a su éxito como medio para aterrorizar al enemigo. Se utilizaron dos tipos de lanzallamas: uno pesado montado sobre un carro de combate, y otro ligero, portátil y manual.

¿Cuándo surgió la guerra química y biológica?

En la I Guerra Mundial (1914-1918) se utilizaron el gas lacrimógeno, el gas cloro (irritante de los pulmones), y el gas mostaza (que produce grandes quemaduras), para ampliar los objetivos de los combatientes. Hasta el siglo xx estuvo limitada a incendios, pozos envenenados, humos...

¿Cuándo surgió el tanque?

El 20 de noviembre de 1917 se produjo en Cambray la primera acción bélica de 360 tanques. Aparecieron por sorpresa durante la I Guerra Mundial porque los ingleses, sus creadores, habían mantenido celosamente el secreto.

¿Cuándo surgió la bazuca?

Del inglés *bazooka*, se empleó en 1942 por primera vez en la campaña del Norte de África. Consiste en un tubo metálico con 8,7 centímetros de diámetro, y 150 de longitud, abierto por ambos extremos, que sirve para disparar proyectiles dotados de propulsión a chorro.
Su alcance máximo es de 550 metros. Se utiliza contra los tanques.

¿Cuándo surgió la bomba atómica?

El 16 de julio de 1945, en el desierto de Nuevo México, hizo explosión la primera bomba atómica. El 6 y el 9 de agosto de ese mismo año, la aviación de EE UU dejó caer dos bombas atómicas que arrasaron Hiroshima y Nagasaki y provocaron la rendición japonesa en la II Guerra Mundial. En la explosión atómica se produce una emisión instantánea de radiación térmica y nuclear. Fue un éxito militar, pero un desastre para la humanidad.

¿Cuándo surgió que se firmase el Tratado del Desarme Nuclear?

El 8 de diciembre de 1987 el presidente de Estados Unidos de América, Ronald Reagan, y su homólogo el presidente soviético Mijaíl S. Gorbachov, firman en Washington, después de varios intentos frustrados, el primer acuerdo para destruir armas nucleares. Aunque en aquel momento se trató de un logro bastante limitado, fue un hecho importante de gran trascendencia porque dejó abierta una puerta para avances futuros.

¿Cuándo sucedió...?

¿Cuándo sucedió la peste negra?

En diciembre de 1347, la peste negra aparece en Sicilia, en los puertos de Italia y Marsella, extendiéndose pronto por todas las regiones de Europa y Asia. Esta terrible enfermedad, que recibía su nombre por las oscuras manchas que aparecían en la piel de los afectados, se contagiaba por simple contacto. Cientos de miles de personas murieron hasta el año 1350; Europa quedó diezmada.

¿Cuándo sucedió la destrucción de la Armada Invencible?

En 1588, Felipe II, rey de España, envió a esta poderosa flota a invadir las Islas Británicas al mando del duque de Medinasidonia. Los británicos les correspondieron con una flota más ligera y mejor preparada, lo que unido al temporal que azotaba, produjo la destrucción de la Armada Invencible. España perdió 20.000 hombres.

¿Cuándo sucedió el hambre de París?

En el año 1590, Enrique IV sitió París durante tres meses. Los víveres, escasos en aquellos tiempos, se agotaron rápidamente. El pueblo sacrificó caballos, perros, gatos, ratas... para comérselos e incluso llegaron a la antropofagia. Las víctimas del hambre ascendieron a trece mil. Un ejército español, al mando de Alejandro de Farnesio, obligó a Enrique IV a levantar el cerco de París.

¿Cuándo sucedió la gran plaga de Londres?

En 1665, la ciudad de Londres se vio afectada por una terrible enfermedad que acabó con la vida de 10.000 personas: la peste. Esta epidemia provenía de los puertos italianos, y llegó al río Támesis a través de ratas y mosquitos.

¿Cuándo sucedió el naufragio del Atlantic?

A las 3 de la madrugada del 2 de abril de 1873, a la altura del cabo de Meagher, en las proximidades de Halifax, el enorme barco de vapor chocó y zozobró. De los 1.038 pasajeros que zarparon de Inglaterra rumbo a América, solamente trescientos lograron salvarse.

¿Cuándo sucedió el tifón de Bengala?

El 31 de octubre de 1876 sobrevino uno de los tifones más devastadores de la historia. El mar embravecido arrasó las islas de Hattiah, Sundeep y Dakin. El estrago en vidas humanas fue altísimo. Se cree que perecieron unas 200.000 personas.

¿Cuándo sucedieron las primeras lluvias ácidas?

En 1980, en muchos lugares donde las nieblas son frecuentes, especialmente en los bosques de coníferas situados entre 600 y 1.000 metros de altura, empezaron a secarse muchos árboles. Comenzó a percibirse este fenómeno en Estados Unidos y posteriormente se ha observado en Austria, Suiza, Bélgica, Francia... con una gran preocupación mundial porque significa la muerte del bosque.

¿Cuándo sucedió la guerra de las Malvinas?

En 1982 Argentina invadió las islas Malvinas situadas en el Atlántico meridional, al no reconocer la soberanía británica. Gran Bretaña, que no estaba dispuesta a perder esta posesión, suya desde 1833, envió tropas, consiguiendo la rendición de Argentina y la recuperación de las islas.

¿Cuándo sucedió el accidente en la central nuclear de Chernobil?

El 26 de abril de 1986 se produce la peor catástrofe nuclear conocida hasta la fecha. Sucedió en Chernobil, en Ucrania (entonces parte de la Unión Soviética). La capa protectora del reactor se destruyó y produjo una gran radiación. Murieron 31 personas en el accidente, más de 100.000 ciudadanos tuvieron que ser evacuados y aún no se han podido valorar los efectos sobre la población (enfermedades que se desarrollan años después del suceso).

¿Cuándo sucedió la colisión del ferry Doña Paz?

En 1987, el ferry filipino Doña Paz colisionó con el petrolero Víctor frente a la isla filipina de Marinduque, entre las de Mindoro y Luzón. Mil quinientas personas perecieron en la colisión.

¿Cuándo sucedió el desmembramiento de la Unión Soviética?

En 1991, la mayoría de las repúblicas soviéticas se autoproclamaron independientes tras el fallido golpe de estado militar, en el que Mijaíl Gorbachov, máximo dirigente de la URSS desde 1985, se vio obligado a dimitir, pese a sus valientes intentos para reformar el país.

¿Cuándo sucedieron las explosiones mineras de Incirhamani?

El 4 de marzo de 1992 en Incirhamani, Turquía, se produjeron dos explosiones de grisú en una mina de carbón. El metano desprendido en la mina, al mezclarse con el aire se hizo inflamable y dio lugar a dos violentas explosiones en las que perdieron la vida más de 900 mineros.

¿Cuándo sucedió la guerra del Golfo?

En 1990 comenzó la guerra del Golfo cuando Iraq invadió Kuwait, atraído por su riqueza petrolífera. En 1991 fue expulsado de allí por una coalición internacional creada con el apoyo de las Naciones Unidas.

¿Cuándo sucedió el ciclón de Bangladés?

El 30 de abril de 1991 la zona costera de Bangladés fue asolada por un ciclón que alcanzó vientos de hasta 235 kilómetros por hora. El balance de esta catástrofe fue de 139.000 muertos y 10.000.000 de personas sin hogar.

¿Cuándo sucedió la explosión minera de Pas-de-Calais?

A las seis de la mañana del día 10 de marzo de 1906, una explosión en los yacimientos carboníferos del Pas-de-Calais, en Francia, convirtió las galerías en enormes hogueras, quemando una extensión de 110 kilómetros. Murieron 1.089 hombres.

¿Cuándo sucedió el hundimiento del Titanic?

El 15 de abril de 1912, el Titanic, un barco inglés de pasaje, chocó contra un iceberg mientras realizaba su viaje inaugural desde Inglaterra hasta Nueva York. Perdieron la vida 1.513 personas de los 2.224 pasajeros y tripulantes, como consecuencia de las deficientes medidas de salvamento.

¿Cuándo sucedió la plaga de langosta de Marruecos?

En 1929 tres terribles oleadas de langosta peregrina cayeron sobre Marruecos. Más de 600.000 hectáreas de cultivos quedaron devastadas. La actividad económica se paralizó durante meses y las carreteras se volvieron intransitables por la espesa nube de insectos.

¿Cuándo sucedió la Gran Depresión?

En 1929 se derrumbó la bolsa de Nueva York, causando una gran depresión económica y un empobrecimiento masivo. En 1932 fue necesario abrir comedores de beneficencia, ya que había más de doce millones de estadounidenses sin trabajo y, por lo tanto, sin ningún medio de subsistencia.

¿Cuándo sucedió la peor gripe del siglo XX?

Al término de la I Guerra Mundial, se produjo la más terrible de las epidemias modernas, que se caracterizaba por su rápida difusión, y en seres debilitados. Acabó con más vidas que la propia guerra; se calcula que fallecieron unos 25 millones de personas.

¿Cuándo sucedió el desastre de Kanto?

A las 11:58 del día 1 de septiembre de 1923 tuvo lugar la primera de una serie de tremendas sacudidas que estremecieron toda la llanura costera japonesa del Kanto y produjeron fuegos y marejadas de gran violencia, que dejaron un saldo terrible de 150.000 muertos y 500.000 casas convertidas en cenizas.

¿Cuándo sucedió el derrumbamiento del monte Rossberg?

El 2 de septiembre de 1806 los habitantes del valle situado junto al lago Lowertz contemplaron horrorizados, sin tiempo para ponerse a salvo, cómo cincuenta millones de metros cúbicos de peñascos rodaban ladera abajo del monte suizo de Rossberg, arrasando todo lo que encontraban a su paso.

¿Cuándo sucedió el hambre de Irlanda?

A partir del verano de 1845, Irlanda se vio afectada por una plaga de hongos que arruinaba las cosechas de patatas, el alimento base del país. La miseria apareció, y con ella el hambre, y después una fuerte epidemia de tifus. Por todo esto, la población de la isla disminuyó en tres millones en sólo cuatro años.

¿Cuándo sucedió el terremoto de Lisboa?

El 1 de noviembre de 1755 Lisboa fue sacudida por un terrible terremoto. Murieron alrededor de 50.000 personas y más de la mitad de la ciudad quedó destruida. Más tarde, el marqués de Pombal, Sebastiao de Carvalho, se encargó de la reconstrucción.

¿Cuándo sucedió la caída del rayo de Brescia?

En 1769, antes de la invención del pararrayos, cayó un rayo sobre la torre de San Nazario en la ciudad italiana de Brescia, que hizo estallar un depósito con 1.038.000 kg de pólvora. A causa de la terrible explosión murieron 30.000 personas.

¿Cuándo sucedió el incendio del teatro Ring de Viena?

El 8 de diciembre de 1881, por el descuido de un tramoyista al encender las candilejas, se prendieron los decorados y, en pocos minutos, el teatro más seguro del mundo ardía completamente. El número de víctimas ascendió a 1.221.

¿Cuándo sucedió el desbordamiento del Huang-He?

En 1887, el río chino Huang-He, también conocido como el río Amarillo por el color de sus aguas, se desbordó de manera impresionante arrasando materialmente la Gran Llanura China, y causando la muerte a un millón de personas.

¿Cuándo sucedió el terremoto que asoló México?

El 19 de septiembre de 1985 la capital de México sufrió dos sacudidas sísmicas. La primera de 8,1 grados en la escala de Ritcher y la segunda de 7,8 grados, que redujeron a ruinas gran parte del centro urbano y produjeron más de 20.000 muertos, 40.000 heridos y dejaron sin hogar a otras 31.000 personas.

¿Cuándo sucedió la erupción del volcán Nevado del Ruiz?

El 13 de noviembre de 1985, la erupción repetida del volcán Nevado del Ruiz, en Colombia, dejó sepultada bajo una avalancha de lava, de cenizas y lodo la ciudad de Armero. Fueron dadas por desaparecidas 25.000 personas, 60.000 quedaron sin hogar y varios miles resultaron heridas de distinta gravedad.

¿Cuándo sucedió la explosión del Krakatoa?

A partir del 20 de mayo de 1883, la isla de Krakatoa, situada entre las islas de Sumatra y Java, fue escenario de unas de las erupciones volcánicas más violentas que se han conocido, y murieron unas 36.000 personas. El 26 de agosto de ese mismo año la isla de Krakatoa saltó en pedazos.

¿Cuándo sucedió la erupción del Monte Pelado (Mont Pelé)?

En 1902 se produjo un terremoto y el Mont Pelé, volcán de 1.397 metros de altura enclavado en la Martinica (Antillas), experimentó la más trágica de sus erupciones. Devastó el territorio en más de diez kilómetros, aniquilando a más de 40.000 personas.

¿Cuándo sucedió la explosión del dirigible Hindemburg?

En 1937, el Hindemburg, un globo dirigible rígido que prestaba servicio transatlántico, cuando se disponía a anclar en Lakehurst (Nueva York), estalló en el aire al inflamarse el gas. Murieron 35 personas, y con esta tragedia desaparecieron los globos de tipo rígido.

¿Cuándo sucedió el gran tifón del mar de la China?

El día 18 de diciembre de 1944, cuando la Segunda Guerra Mundial tocaba a su fin, las agujas barométricas saltaron debido a un gran huracán en el mar de la China. Los destrozos del tifón igualaban a los de una gran batalla: tres destructores, así como 146 aviones habían sido engullidos con sus tripulaciones.

¿Cuándo sucedió el lanzamiento de la bomba atómica sobre Hiroshima y Nagasaki?

El 6 de agosto de 1945 el bombardero estadounidense Enola Gay lanzó sobre Hiroshima –y tres días más tarde sobre Nagasaki– las bombas nucleares que forzaron el rendimiento de Japón y pusieron fin a la Segunda Guerra Mundial.

¿Cuándo sucedió la inundación de Zelandia?

El 29 de enero de 1953, mientras la población de Krabbendijke, en Zelandia (Holanda), dormía, en el dique se abrió una descomunal brecha de 75 metros. Las aguas hicieron desaparecer ciudades enteras, las víctimas fueron incalculables. Fueron arrasadas 250.000 hectáreas de ricos pólderes y 50.000 personas quedaron sin hogar.

¿Cuándo sucedió la guerra del Vietnam?

En 1954, el Vietnam del Norte, comunista, intentó unirse por la fuerza con el Vietnam del Sur, no comunista. Lo que en un principio comenzó siendo una guerra civil, se convirtió en un conflicto internacional debido a la intervención de EE UU, que en 1973, después de múltiples derrotas y más de 50.000 soldados norteamericanos muertos, se retiraron. Finalizó la guerra en 1975.

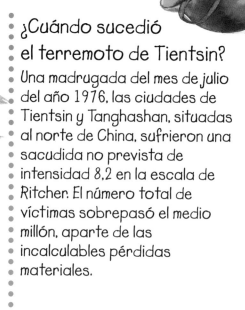

¿Cuándo sucedió el terremoto de Tientsin?

Una madrugada del mes de julio del año 1976, las ciudades de Tientsin y Tanghashan, situadas al norte de China, sufrieron una sacudida no prevista de intensidad 8,2 en la escala de Ritcher. El número total de víctimas sobrepasó el medio millón, aparte de las incalculables pérdidas materiales.

179

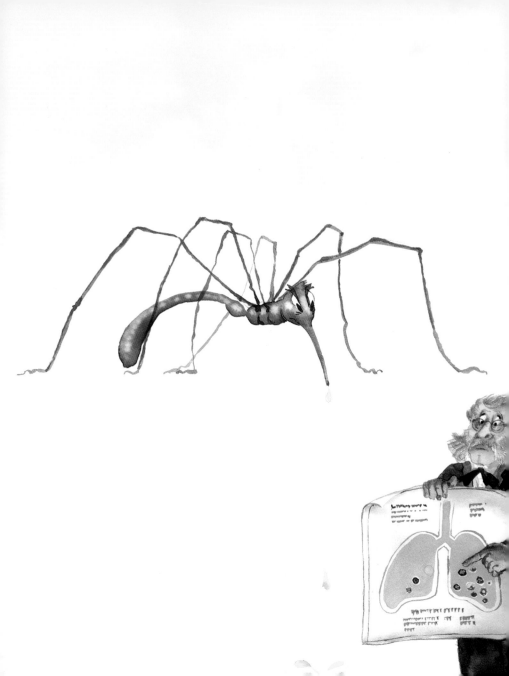

¿Cuándo se descubrió...?

¿Cuándo se descubrió la anestesia?

En 1846 los cirujanos comenzaron a utilizar el cloroformo y el éter para anestesiar a sus pacientes antes de las operaciones. Hasta entonces la cirugía era un trance muy doloroso, pues no se conocía nada para amortiguar el sufrimiento.

¿Cuándo se descubrieron las cataratas Victoria?

En 1855 el misionero y explorador escocés David Livingstone descubrió, en su travesía de África, las cataratas Victoria del río Zambeze. Además, Livingstone luchó contra el tráfico de esclavos y a su muerte fue llevado a la abadía de Westminster, donde fue enterrado.

¿Cuándo se descubrió el origen de las especies?

En 1859 el naturalista inglés Charles Robert Darwin formuló su teoría sobre el origen de las especies: todas las especies de la Tierra habían aparecido de la misma forma, mediante «evolución», es decir, mediante un desarrollo gradual a partir de otras especies.

¿Cuándo se descubrió el Paso del Noreste?

En 1879, el geólogo y explorador sueco Adolf Erik von Nordenskjöld dirigió una expedición al Ártico y encontró el Paso del Noreste a lo largo de la costa de Siberia, con el que se pretendía acortar la distancia entre Europa y el Extremo Oriente.

¿Cuándo se descubrió que la Tierra gira alrededor del Sol?

En 1543 el astrónomo polaco Nicolás Copérnico fue el primero que descubrió que nuestro planeta daba vueltas alrededor del Sol. Hasta entonces todos pensaban que la Tierra era el centro del universo.

¿Cuándo se descubrió Nueva Guinea?

En 1545, el navegante español Íñigo Ortiz de Retes descubrió la isla que llamó Nueva Guinea cuando regresaba de una expedición comenzada en Nueva España, en el año 1541.

¿Cuándo se descubrió la circulación de la sangre?

En 1553 el médico español Miguel Servet descubrió que la sangre tenía un ciclo circulatorio constante y que el motor de ese proceso era el corazón. Esta teoría no fue aceptada por los científicos de su tiempo. En 1628 el fisiólogo inglés William Harvey la actualizó aportando pruebas indiscutibles.

¿Cuándo se descubrió la gravitación universal?

A finales de 1665, el físico, astrónomo y matemático inglés Isaac Newton enunció la «Ley de la Gravitación Universal», pero no pudo confirmar la exactitud de sus conclusiones hasta 1685. Mientras observaba al pie de un árbol caer una manzana, entrevió que existía una fuerza de atracción de la tierra hacia los cuerpos y entre los planetas y el Sol.

¿Cuándo se descubrió América?

El 12 de octubre de 1492, el navegante Cristóbal Colón descubrió América en nombre de España. La expedición zarpó el día 3 de agosto del puerto de Palos a bordo de las carabelas Pinta, Niña y Santa María. Después de un difícil y largo viaje, Rodrigo de Triana gritó: «¡Tierra!», al divisar una isla a la que Cristóbal Colón llamó San Salvador.

¿Cuándo se descubrió Brasil?

En 1500, el navegante portugués Pedro Alvares de Cabral, enviado por Manuel el Grande, rey de Portugal, emprendió una expedición en la que llegó a las costas brasileñas. A este territorio lo llamó Santacruz, y lo reclamó para Portugal. Regresó a su patria en 1521.

186

¿Cuándo se descubrió el océano Pacífico?

El 25 de septiembre de 1513, Vasco Núñez de Balboa, navegante y conquistador español, divisó las aguas del océano Pacífico, al que llamó Mar del Sur, y el día 29 tomó posesión de él en nombre de los reyes de España.

¿Cuándo se descubrió el Amazonas?

En 1541 Francisco de Orellana, un conquistador español nacido en Trujillo (Cáceres), partió de Perú con una tripulación de sesenta hombres, y recorrió por primera vez el río Amazonas, al que denominó así en honor de unas mujeres guerreras (amazonas) con las que se encontraron allí los españoles.

187

¿Cuándo se descubrió la célula?

En 1665 el científico y arquitecto británico Robert Hooke, examinando una capa delgada de corcho a través del microscopio que él mismo inventó, observó una gran cantidad de cajas separadas por unos diafragmas. A estas cajas las llamó «células».

¿Cuándo se descubrió Australia?

En 1770 el explorador británico James Cook desembarcó en una bahía al sureste de Australia y proclamó la soberanía de Gran Bretaña. En 1778 fueron enviados 759 reclusos británicos a Sídney. Después llegaron mineros y agricultores, atraídos por la riqueza del país.

188

¿Cuándo se descubrió la vacuna de la viruela?

En 1796, el médico inglés Edward Jenner descubrió que los mozos de establo que habían contraído la «pústula» al manipular las ubres de vacas enfermas de vacuna eran inmunes a las epidemias de viruela. En 1796 demostró el poder profiláctico de la inoculación previa.

¿Cuándo se descubrió la rueda?

En el año 3500 a. de C. en Ur, el Iraq actual, se inventó la rueda, y eso permitió construir vehículos arrastrados por animales de carga que pudieran desplazar pesos mucho mayores que los que eran capaces de llevar a cuestas.

¿Cuándo se descubrió el Paso del Noroeste?

En 1906 el explorador noruego Roald Amundsen fue el primero en realizar la travesía conocida como el «Paso del Noroeste» buscando la ruta a Asia a lo largo de la costa canadiense.
Anteriormente lo había intentado el explorador inglés John Franklin, que murió durante el viaje.

¿Cuándo se descubrió el Polo Norte?

El 6 de abril de 1909, después de tres intentos, el explorador norteamericano Robert Edwin Peary, su ayudante Matthew Henson y cuatro esquimales llegaron al Polo Norte y permanecieron allí durante treinta horas.

¿Cuándo se descubrió el Polo Sur?

El 16 de diciembre de 1911 el explorador noruego
Roald Amundsen llegó al Polo Sur con la ayuda de
trineos tirados por perros. Más tarde, en 1926,
consiguió sobrevolar el Polo en un dirigible. Murió en
1928 cuando intentaba rescatar a una expedición
perdida en el Ártico.

¿Cuándo se descubrió la penicilina?

En 1928, el bacteriólogo escocés Alexander Fleming
descubrió la penicilina cuando un moho contaminó un
experimento que estaba realizando, destruyendo las
bacterias causantes de enfermedades. Este
descubrimiento hizo posible el de otros antibióticos,
con los que se evitan muchas muertes.

¿Cuándo se descubrió el mosquito de la fiebre amarilla?

En 1881 el médico cubano Carlos Juan Finlay, tras casi veinte años de investigación sobre la fiebre amarilla, llegó a la conclusión de que esta enfermedad era transmitida por los mosquitos Aedes y Haemagogus.

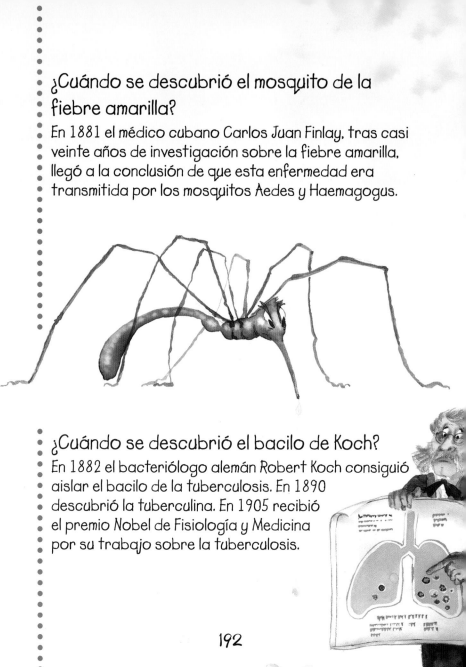

¿Cuándo se descubrió el bacilo de Koch?

En 1882 el bacteriólogo alemán Robert Koch consiguió aislar el bacilo de la tuberculosis. En 1890 descubrió la tuberculina. En 1905 recibió el premio Nobel de Fisiología y Medicina por su trabajo sobre la tuberculosis.

¿Cuándo se descubrieron los manuscritos del mar Muerto?

En 1947 fueron descubiertos en unas cavernas cercanas al mar Muerto millares de fragmentos de manuscritos procedentes de la biblioteca de Qumrán, en Palestina. Los más notables son los escritos bíblicos de Isaías, Samuel y Jeremías, pertenecientes al Antiguo Testamento.

¿Cuándo se descubrió la ruta submarina del Polo Norte?

El 3 de agosto de 1958 el comandante William R. Anderson, a bordo del submarino nuclear norteamericano *Nautilus*, bajo la inmensa plataforma de hielos que forman el Polo Norte cruzó del Pacífico al Atlántico sin emerger.

¿Cuándo se descubrió la vacuna antipolio?

En la década de 1950 a 1960, los médicos norteamericanos J. Edward Salk y Albert B. Sabin, independientemente, cada uno por su cuenta, descubrieron unas vacunas que llevan sus nombres con las que se previene la poliomielitis. Esta enfermedad, producida por una lesión en la médula, ocasiona parálisis infantil.

¿Cuándo se descubrió la forma del ADN?

En 1953, el inglés Francis Crick y el estadounidense James Watson descubrieron que la sustancia química de la que están hechos los cromosomas, es decir, el ADN, tiene la forma de dos espirales entrelazadas (doble hélice). Este descubrimiento es fundamental para la identificación de los individuos.

¿Cuándo se descubrió la vacuna de la rabia?

En 1885, el químico y microbiólogo francés Louis Pasteur descubrió que la rabia, enfermedad mortal que afecta a las células nerviosas y estructuras del cerebro, era contraída al ser mordido por un animal rabioso, pero podía combatirse mediante una vacuna realizada con virus inactivos cultivados.

¿Cuándo se descubrieron los rayos X?

En 1895 el físico alemán Wilhelm Röntgen descubrió por casualidad los rayos X. Muy pronto comprendió que podían utilizarse para detectar huesos rotos y otras enfermedades del cuerpo. Dos meses después de este hallazgo, ya se utilizaron los rayos X en el hospital de New Hampshire.

¿Cuándo se descubrió la escritura?

Hacia el año 3100 a. de C. los sumerios inventaron la escritura cuneiforme. En arcilla húmeda dibujaban, con juncos cortados, signos que representaban sonidos y que, combinados, formaban palabras.

¿Cuándo se descubrió el principio de empuje de los fluidos?

Hacia el año 236 a. de C., el sabio griego Arquímedes, mientras se estaba bañando, descubrió que la cantidad de agua salpicada por el suelo equivalía al volumen que ocupaba su cuerpo. Ante tal hallazgo gritó: ¡Eureka! Este es el principio de Arquímedes o del empuje en los fluidos.

¿Cuándo se descubrió Nueva Zelanda?

Hacia el año 1000 los polinesios navegaron por el océano Pacífico en sus canoas y llegaron a Nueva Zelanda, uno de los últimos lugares de la Tierra en ser habitado. En 1642 llega el holandés Abel Tasman, pero es James Cook quien proclama la soberanía británica en 1769.

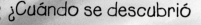

¿Cuándo se descubrió el cabo de Buena Esperanza?

En 1488, el navegante portugués Bartholomeu Dias, enviado por el rey Enrique el Navegante, alcanzó las costas sudafricanas arrastrado por una tormenta, por lo que denominó a este lugar cabo de las Tormentas. Posteriormente, por decisión de Juan II recibió el nombre de cabo de Buena Esperanza.

¿Cuándo apareció...?

¿Cuándo apareció el fuego?

Se tienen pruebas de que sobre el año 460.000 a. de C. los hombres hacían fuego en Zhorikoudian frotando dos trozos de madera o golpeando dos pedazos de sílex.

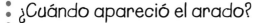

¿Cuándo apareció el arado?

En el año 3500 a. de C. se usaba en Mesopotamia y constituyó una de las innovaciones más importantes para la agricultura. Los agricultores egipcios utilizaron el arado ligero que tenía filo de madera, un mango para moverlo y era tirado por bueyes. Más tarde se hizo más fácil su uso al incorporarle ruedas.

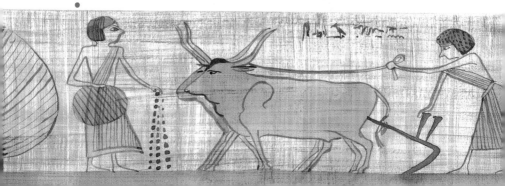

¿Cuándo aparecieron las piscifactorías?

En el año 2500 a. de C., los egipcios, más tarde los griegos y los romanos criaban peces en los estanques, los alimentaban y cuidaban hasta que alcanzaban un tamaño conveniente para ser utilizados como alimento. En la actualidad, con la ayuda de la ciencia esta técnica ha evolucionado notablemente.

¿Cuándo apareció el vidrio?

En el año 2500 a. de C. ya se conocía en Egipto, aunque posteriormente los fenicios, alrededor del año 600 a. de C., llegaron a trabajarlo con gran habilidad porque incorporaron gran cantidad de cuarzo a la arena, dando a sus piezas una mayor belleza. Realizaron collares, recipientes, cuencos y adornos que luego vendieron por todo el Mediterráneo.

201

¿Cuándo apareció el alfabeto Braille?

En 1829, el pedagogo francés Louis Braille, que cuando era niño quedó ciego, inventó un sistema para enseñar a los invidentes a leer y escribir por medio de un alfabeto en el que se combinan seis puntos en relieve.

¿Cuándo apareció el telégrafo?

En 1837, el pintor norteamericano Samuel Morse creó un famoso código de puntos y rayas para enviar mensajes a larga distancia utilizando el magnetismo y la electricidad. El 24 de mayo de 1844 se transmitió el primer mensaje, que fue una cita de la Biblia: «¡Lo que Dios ha hecho!». La primera línea telegráfica que se estableció fue entre Washington y Baltimore.

¿Cuándo apareció el aeroplano?

En 1903 los estadounidenses Wilbur y Orville
Wright, más conocidos como los hermanos Wright,
construyeron el primer aeroplano propulsado
por un motor de gasolina, al que llamaron *Flyer*, y
volaron en él una distancia de unos ochocientos
metros.

¿Cuándo apareció el autogiro?

En 1923, el ingeniero español Juan de la Cierva
creó el primer autogiro. En 1924 consiguió
recorrer doce kilómetros a cien metros de altura.
Su genialidad consistió en descubrir que las alas
rotatorias pueden suministrar fuerza de
sustentación sin necesidad de un motor. El
autogiro es el precursor del helicóptero.

¿Cuándo apareció la cremallera?

En 1893, el americano Whitcomb Judson
inventó la cremallera para las botas. Más
tarde se utilizó en los monos de los
aviadores de la armada norteamericana.
En 1914, Gideon Sundback fabricó el primer
cierre a cremallera utilizado en ropa de
vestir.

¿Cuándo apareció el chicle?

En 1882, el norteamericano Thomas Adams fabricó el
chicle o goma de mascar *(chewing gum)*,
basándose en una receta
de los indios mayas. El chicle procede
del látex, que es una mezcla de goma,
resinas, ceras y grasas.

¿Cuándo apareció el papel?

En el año 105 se comenzó en China la fabricación de pasta de papel. Usaron en un principio restos de seda y después cáñamo, bambú y cortezas de los árboles. En el Antiguo Egipto (hacia el año 2500 a. de C.) inventaron los papiros, que eran una modalidad de papel realizada con tallos de plantas y pulpa de juncos.

¿Cuándo apareció la pólvora?

En el siglo IX Los científicos chinos inventaron la pólvora y muy pronto adaptaron su tecnología para ampliar el uso de este invento. De esta manera, fabricaron fuegos artificiales destinados a sus ceremonias religiosas y más tarde explotaron su utilización bélica.

¿Cuándo apareció la locomotora?

El 13 de febrero de 1804 circuló la primera locomotora de vapor, la New Castle, arrastrando un tren cargado de carbón por una vía en el sur de Gales, a lo largo de 15 kilómetros. Gracias a su inventor, el británico Richard Trevithick, los trenes dejaron de ser arrastrados por caballos.

¿Cuándo apareció el estetoscopio?

En 1816, el médico francés René Théophile Laennec inventó el estetoscopio. Hasta entonces, los médicos apoyaban la oreja sobre el pecho de sus pacientes para auscultarles. Algunos años después, fue diseñado un estetoscopio que poseía dos auriculares y que se usaba para auscultar el corazón, los pulmones y los vasos sanguíneos.

206

¿Cuándo apareció la dentadura postiza?

Ya hacia el año 700 a. de C. los etruscos llevaban dentaduras hechas con dientes de animales. En 1774 el francés Alexis Duchâteau ideó los primeros dientes postizos a los que se les añadió muelles para que se mantuvieran en su sitio. Las dentaduras postizas se seguían haciendo con huesos de animales. George Washington, que fue presidente de los Estados Unidos, llevaba una hecha de marfil de hipopótamo.

¿Cuándo apareció el globo?

El 5 de junio de 1783, los hermanos José Miguel y Jacobo Esteban Montgolfier exhibieron en Annonay su invento: un globo de tela forrado de papel y lleno de aire caliente. El globo se elevó y sus primeros pasajeros fueron un gallo, una oveja y un pato, pero no fue fácil; antes hubo que hacer muchas pruebas, para las que se utilizaron globos pequeños de papel.

¿Cuándo apareció el submarino?

En 1858, el español Narciso Monturiol creó el primer submarino elemental de propulsión manual, Ictíneo, con el que realizó pruebas satisfactorias en Barcelona en 1859, y en Alicante en 1861. Más tarde, en 1884, el oficial de la Armada Española Isaac Peral lo perfeccionó con técnicas más avanzadas.

¿Cuándo apareció el teléfono?

En marzo de 1876, el escocés Alexander Graham Bell consiguió la primera transmisión hablada por teléfono. Las primeras palabras dichas por el inventor a su ayudante, que estaba trabajando en otra habitación, fueron: «Venga aquí, Watson, le necesito».

¿Cuándo apareció el disco compacto (CD)?

En el año 1982. El CD almacena sonido digitalmente en forma de diminutas ranuras en la superficie del disco y mediante un rayo láser se reproducen después los sonidos. El CD vino a sustituir al disco de vinilo y actualmente es el medio más utilizado para realizar grabaciones. En el año 1985 se comenzó a utilizar con ordenadores.

¿Cuándo apareció el horno microondas?

En el año 1946, y actualmente es imprescindible en casi todos los hogares. El horno microondas calienta la comida en pocos minutos haciendo vibrar las moléculas de agua de los alimentos. Los recipientes que se utilizan no deben ser metálicos porque las microondas no pueden penetrar en ellos.

¿Cuándo apareció la bicicleta?

En 1790 el conde de Sivrac, de origen francés, inventó una especie de bicicleta denominada celerífero, que consistía en dos ruedas unidas por una barra, y era necesario utilizar los pies para desplazarse. Los pedales fueron introducidos por Pierre Sallemont en el siglo siguiente.

¿Cuándo apareció la pila eléctrica?

En 1800 el físico italiano Alessandro Giuseppe Volta inventó la pila eléctrica, también denominada batería primaria o pila de Volta en su honor. Hizo muchos experimentos, y también inventó el electróforo.

¿Cuándo apareció la fotografía?

En 1826 el físico francés Joseph Niepce logró tomar la primera fotografía, que muestra lo que se veía desde su ventana, pero para ello fueron necesarias ocho horas de exposición. Más tarde, en 1839, Jacques Daguerre consiguió reducir a media hora el tiempo de apertura del obturador.

¿Cuándo aparecieron las cerillas?

En 1827 el químico británico John Walker inventa las primeras cerillas de fricción. Uno de los extremos estaba recubierto con fósforo, que prendía al ser frotado sobre una superficie rugosa. Al fabricarlas, muchas de las trabajadoras sufrían quemaduras en la cara, al sumergir la punta de las astillas de madera en el fósforo.

¿Cuándo apareció el retrete de agua corriente?

En 1596 el poeta John Harington, ahijado de la reina Isabel I de Inglaterra, inventó el primer retrete. En 1597 se instaló uno en el palacio de la reina de Richmond. Sin embargo no fue hasta 1850 cuando se generalizó su uso, en las primeras casas con agua corriente y desagües.

¿Cuándo apareció el telescopio?

En 1608, el fabricante de gafas holandés Hans Lippershey construyó el primer telescopio. Dos años más tarde, en 1610, el sabio italiano Galileo Galilei perfeccionó el modelo holandés, y empleó el

telescopio para observar el universo.

¿Cuándo apareció la imprenta?

En 1455 J. Gutenberg

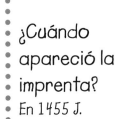

produjo el primer libro impreso: la Biblia. Utilizó la técnica de los tipos móviles, que estaba basada en letras sueltas que podían formar renglones y ser reutilizadas. Pero se tienen datos según los cuales los chinos, muchísimos años antes, ya tallaban en madera o esculpían en piedra palabras para imprimir páginas sueltas.

¿Cuándo apareció el termómetro?

En 1592 el italiano Galileo Galilei inventó el termoscopio para medir la temperatura del aire, basándose en un principio que ya conocían los griegos. En 1714 Gabriel Fahrenheit inventó el termómetro de mercurio.

¿Cuándo apareció el barómetro?

En 1644 el filósofo y matemático italiano Evangelista Torricelli descubrió el fundamento del barómetro, aparato utilizado para medir la presión atmosférica. Más tarde construyó el primer barómetro de mercurio.

¿Cuándo apareció el reloj?

En 1657 el científico belga Christian Huygens inventó el reloj de péndulo. Más tarde, en 1675, diseñó el muelle de espiral y volante, lo que dio lugar a los relojes de tamaño bolsillo.

¿Cuándo apareció la máquina de vapor?

En 1712, el inventor inglés Thomas Newcomen introdujo la máquina de vapor sin condensación, que fue muy utilizada hasta que, en 1765, el inglés James Watt la sustituyó por la máquina de vapor condensado, de su propia creación.

¿Cuándo apareció el pararrayos?

En 1752, el político e inventor estadounidense Benjamin Franklin experimentó con una cometa, haciéndola elevarse durante una tormenta. De ahí derivó su «teoría de las puntas», que concluyó con la invención del pararrayos, que fue instalado por primera vez en Europa en el faro de Eddystone en el año 1760.

¿Cuándo apareció el fonógrafo?

En 1877, Thomas Alva Edison, basándose en unos planos del inventor francés Charles Cros, construyó un aparato que le permitiría grabar y escuchar sonidos grabados sobre una lámina de papel de aluminio.

¿Cuándo apareció la bombilla?

En 1879, el mismo Edison creó la primera lámpara incandescente que lució con éxito. En sólo tres años su invento iluminó varios barrios enteros de nueva York. Edison fue el gran inventor del siglo XIX.

¿Cuándo apareció la pluma estilográfica?

En 1884 Lewis Waterman inventó la primera pluma estilográfica. Gracias a él, fue posible escribir sin tener que estar continuamente recargando de tinta la pluma. La tinta se encontraba en un depósito en el interior de la pluma y pasaba por el plumín hasta llegar al papel.

¿Cuándo apareció la aspirina?

En 1893 el químico alemán Félix Hoffman inventó la aspirina, al intentar aliviar el reumatismo de su padre. Pero los griegos y los pueblos indígenas ya utilizaban el ácido salicílico, obtenido de la corteza del sauce, para aliviar la fiebre y los dolores.

¿Dónde están las huellas del hombre...?

¿Dónde está la ONU?

En diciembre de 1945, Estados Unidos invitó a la Organización de las Naciones Unidas (ONU) a instalarse en su país. La propuesta fue aceptada y al año siguiente se adquirió un lugar que bordeaba el East River de Manhattan (Nueva York) y se estableció allí su sede permanente. El complejo, de varios edificios, fue finalizado a mediados del año 1952.

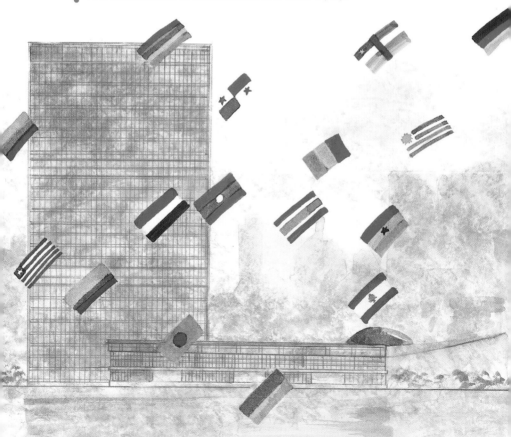

¿Dónde está la Ciudad Prohibida?

Era una zona de la capital de China, Pekín, que estaba reservada para el Emperador. En su aspecto actual data del reinado del emperador Yong-Lo, quien la hizo construir siguiendo las nociones tradicionales de ciencias adivinatorias. Tras el triunfo de la Revolución, los importantes palacios que albergaba se han convertido en un inmenso y rico museo.

¿Dónde está la isla de Santa Elena?

Esta pequeña isla del Atlántico se hizo famosa por servir de prisión a Napoleón Bonaparte. Después de ser derrotado el emperador en la batalla de Waterloo, en 1815, sus vencedores, temerosos de otro posible regreso de Napoleón, le confinaron en esta pequeña isla, donde finalmente moriría.

¿Dónde está el Triángulo de las Bermudas?

Se llama así a la zona del Atlántico cuyos vértices son el archipiélago de las Bermudas y las costas de Puerto Rico y Florida. Las frecuentes catástrofes y misteriosas desapariciones, ocurridas a barcos y aviones en este lugar del océano, han hecho que se barajen multitud de hipótesis y se han realizado numerosos estudios sobre estos fenómenos, sin desvelar el enigma.

¿Dónde están las antípodas?

Si desde la península Ibérica hiciéramos un túnel que, pasando por el centro de la Tierra, saliera al otro lado, apareceríamos en Nueva Zelanda. Se trata de un país formado por varias islas, situadas en el Pacífico, al sudoeste de Australia. Los neozelandeses son, por lo tanto, nuestros antípodas, palabra que significa literalmente «pies opuestos».

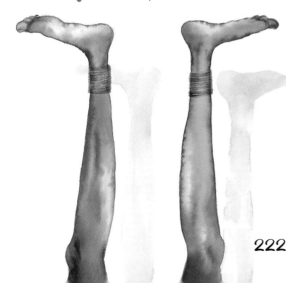

¿Dónde está El Roque de los Muchachos?

El observatorio astronómico de El Roque de los Muchachos está situado en el Parque Nacional de la Caldera de Taburiente, en la isla de La Palma (Islas Canarias), a una altitud de 2.400 metros. Tiene un gran conjunto de telescopios para la observación nocturna.

¿Dónde está Atapuerca?

A principios de este siglo, una compañía inglesa proyectó una vía de tren que atravesaba la sierra de Atapuerca, en Burgos. Al excavar la trinchera, dejaron al descubierto lo que tras años de trabajos e investigaciones arqueológicas ha resultado ser uno de los yacimientos más importantes de Europa. Los restos humanos más antiguos hallados en el continente están aquí, y tienen 800.000 años.

223

¿Dónde está la estatua de la Libertad?

Esta gigantesca estatua (mide 71 metros) simboliza la libertad iluminando el mundo, y lo hace desde una pequeña isla a la entrada de Nueva York. Fue un regalo del pueblo francés al americano para conmemorar la independencia de Estados Unidos. La realizó el escultor francés Bartholdi, quien usó a su madre como modelo.

¿Dónde está Pompeya?

En el año 79, una erupción del Vesubio sepultó esta ciudad romana y a gran parte de sus habitantes. Pompeya y sus gentes quedaron ocultos bajo metros de cenizas, por lo que la ciudad permaneció prácticamente intacta. De esta forma, los arqueólogos han podido reconstruir el ambiente de una ciudad de provincia de aquella época, con los más curiosos detalles: desde las vajillas de las casas, hasta las pinturas en los muros.

¿Dónde está El Toboso?

Este municipio español pertenece a la provincia de Toledo. Tiene alrededor de 2.200 habitantes. El Toboso quedó inmortalizado en El Quijote, obra de Miguel de Cervantes, por ser el lugar donde vivía Dulcinea, doncella de la que se había enamorado el Caballero de la Triste Figura.

¿Dónde está la vía Apia?

Era la «autopista» de la antigua Roma. En realidad, entonces las carreteras se llamaban calzadas, y la vía Apia fue la más importante del Imperio romano. Comenzó a construirse en el año 311 a. C. Unía Roma con el puerto de Bríndisi a lo largo de 514 kilómetros. A su paso podemos encontrar algunas de las más conocidas construcciones romanas como arcos de triunfo, termas, circos, etc.

¿Dónde está la Torre de Babel?

Según nos explica el Antiguo Testamento fue levantada por los descendientes de Noé, en Babilonia. Querían que la torre llegara hasta el cielo. Jehová, enfadado por la soberbia de los hombres, interrumpió la construcción creando entre ellos una gran confusión de lenguas y les dispersó por todos los lugares de la Tierra.

¿Dónde está Potosí?

La ciudad de Potosí se encuentra al sur de Bolivia, en la cordillera de los Andes, a 3.960 metros de altitud. Fue fundada en 1546, al año siguiente de que se descubrieran minas de plata en el Cerro Rico, a cuyos pies se levantó la ciudad. Potosí es un centro minero que, además de plata, produce estaño, plomo y cobre.

¿Dónde están los moais de la isla de Pascua?

La isla de Pascua pertenece a Chile y se encuentra en el océano Pacífico. A esta isla de origen volcánico también se la conoce como *Rapa Nui*, que es el nombre de uno de sus volcanes. Pero por lo que más llama la atención es por sus colosales esculturas, los «moais», de más de 15 metros de altura, que hoy día siguen escondiendo el secreto de su construcción.

¿Dónde está el Muro de las Lamentaciones?

Es una muralla de enormes piedras, que se remonta a la época de Herodes, formada por restos del antiguo templo de Salomón en Jerusalén. A este lugar acuden cada viernes los judíos para llorar las ruinas de Jerusalén, y para orar. Esta costumbre se remonta al siglo I d. C. y se conserva en nuestros días.

¿Dónde está El Rastro?

Este famoso mercado madrileño remonta sus orígenes a la Edad Media. Se sitúa en el centro de la ciudad, en una de sus zonas más castizas. Comienza en la Plaza de Cascorro y se extiende por la Ribera de Curtidores hasta la Ronda de Toledo. Allí se puede comprar prácticamente de todo: muebles, ropa de segunda mano, artesanía, música, recambios de coche... Pasear por El Rastro es una buena manera de pasar una entretenida mañana de domingo.

¿Dónde están las catacumbas?

Los cristianos de la Antigua Roma se refugiaban cuando eran perseguidos en estas galerías subterráneas llamadas catacumbas. En ellas enterraban a sus muertos y practicaban las ceremonias de su culto. Constituían una verdadera ciudad subterránea, con una serie de estrechos corredores llenos de sepulcros, que formaban continuos zigzags, difíciles de seguir.

228

¿Dónde está Manhattan?

La isla de Manhattan constituye una de las cinco partes de la ciudad de Nueva York. Es, sin duda, el lugar más famoso, por sus elevados rascacielos y por ser el centro de los negocios. Alberga una población de alrededor de dos millones de habitantes en sus 19 kilómetros de longitud. Lugares tan conocidos como Park Avenue, Wall Street o Broadway se encuentran allí.

¿Dónde está el Pentágono?

Se conoce por el nombre de Pentágono al edificio del Departamento de Defensa norteamericano. Se encuentra en Washington, en la orilla del río Potomac. Este complejo alberga el alto mando militar de los ejércitos de tierra, mar y aire. Se llama así por su planta de forma pentagonal.

¿Dónde está la Biblioteca de Alejandría?

En el año 331 a. C., se fundó la ciudad a la que
Alejandro Magno dio su nombre: Alejandría. Pronto se
convirtió en un importante centro de cultura. Prueba
de ello es la importantísima biblioteca que llegó a
tener, que contaba con más de 700.000 volúmenes.
Desgraciadamente, durante una revuelta en el año
48 a. C. dicha biblioteca con todos sus libros fue
pasto de las llamas.

¿Dónde está el Muro de Berlín?

En la actualidad, sus restos son llaveros,
pisapapeles... Pero desde 1961 a 1989 fue el símbolo
de la guerra fría. Un muro que dividía en dos la
ciudad de Berlín, al que por las tensiones existentes
entre las que eran las dos potencias mundiales,
Estados Unidos y la Unión Soviética, se le llegó a
llamar el «telón de acero».

¿Dónde están las líneas de Nazca?

Son tan grandes que sólo podemos ver su auténtica forma desde el aire. Esta red de líneas y figuras de animales fueron hechas por la cultura nazca, que se desarrolló en Perú antes de la llegada de Colón. Las construyeron amontonando piedras, y se cree que los animales representan a sus dioses, y que las líneas, que llegan a medir hasta 170 metros, marcaban el movimiento de determinadas estrellas.

¿Dónde está La Maestranza de Sevilla?

Es una de las plazas de toros más antiguas de España, y fue construida entre 1861 y 1881. Tiene un aforo de 14.000 espectadores, que con su agitar de pañuelos son los que deciden qué toreros pueden salir a hombros por su puerta principal, la llamada «Puerta del Príncipe», lo que es el sueño de todos los matadores de toros. Las ferias taurinas de Sevilla y Madrid son las mejores del mundo, y también las más exigentes y de público más entendido.

¿Dónde está la Gran Muralla China?

La Gran Muralla recorre alrededor de 5.000 kilómetros a lo largo del sur de China. Tiene unos 7 metros de altura y 6 de ancho, y fue comenzada a construir en el siglo III antes de Cristo por el emperador Qin Shi Huangdi. Desde un avión, al mirar hacia la Tierra, se pueden distinguir las montañas más grandes, los mares y los océanos y una sola cosa hecha por el hombre: la Gran Muralla China.

¿Dónde está la Atlántida?

Hace más de 3.500 años, en el mar Egeo explotó una isla y se hundió en el mar. Allí, se han encontrado restos de las antiguas ciudades que desaparecieron en la catástrofe. Puede que este sea el origen de la leyenda de la Atlántida que nos habla de una antigua y avanzada civilización, aunque en realidad los científicos nunca han probado su existencia.

¿Dónde está la Torre de Londres?

Esta antigua fortaleza de Londres sirvió durante largo tiempo de prisión del Estado. Emplazada en la orilla izquierda del Támesis, mide 27 metros de altura. Su construcción la inició Guillermo el Conquistador. En ella estuvieron encarcelados personajes ilustres de la historia que fueron ajusticiados: Tomás Moro, Ana Bolena y Enrique VI, entre otros.

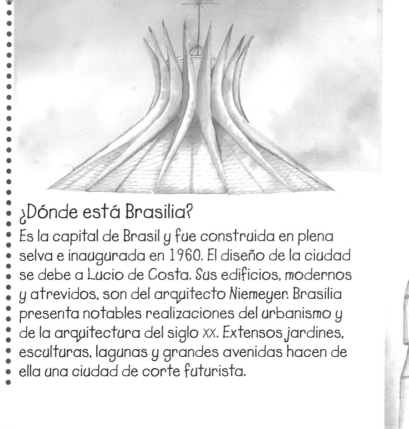

¿Dónde está Brasilia?

Es la capital de Brasil y fue construida en plena
selva e inaugurada en 1960. El diseño de la ciudad
se debe a Lucio de Costa. Sus edificios, modernos
y atrevidos, son del arquitecto Niemeyer. Brasilia
presenta notables realizaciones del urbanismo y
de la arquitectura del siglo XX. Extensos jardines,
esculturas, lagunas y grandes avenidas hacen de
ella una ciudad de corte futurista.

¿Dónde está Cabo Cañaveral?

Está situado en el litoral atlántico de Florida, en
Estados Unidos de América. En 1947, se convirtió
en una base experimental para la construcción y
lanzamiento de cohetes al espacio para investigar
el cosmos. De allí partió el Apolo XI el 16 de julio de
1969 con los hombres que pisarían la Luna por
primera vez.

236

¿Dónde está el Camino de Santiago?

En el siglo XI, se extiende la noticia de la aparición de la tumba del apóstol Santiago en Galicia, en un lugar llamado «Campo de la Estrella» (Compostela). Desde entonces comenzará una masiva afluencia de peregrinos, procedentes de toda Europa. Todos los caminos terminaban en la tumba del apóstol y se fueron poblando de albergues, hospitales, puentes e iglesias, algunas verdaderas joyas del arte románico. Los peregrinos, además de su fe, trajeron nuevas costumbres, ideas y conocimientos.

¿Dónde está el puerto de Palos de la Frontera?

Cristóbal Colón, al mando de las carabelas «Pinta», «Niña» y «Santa María», zarpó de este puerto de la provincia de Huelva el 30 de agosto de 1492. Cuando regresó al mismo puerto el 15 de marzo de 1493 había abierto la ruta hacia el Nuevo Mundo.

237

¿Dónde está La Bastilla?

En la Edad Media se daba este nombre a los pequeños fuertes y fortalezas guarnecidos de torreones. El más célebre por su importancia histórica es la Bastilla de París, construida en la Puerta de San Antonio, entre 1369 y 1382, utilizada como prisión del Estado. Se convirtió en símbolo del absolutismo real, y fue destruida por el pueblo el 14 de julio de 1789, hecho que ha quedado en la historia como el inicio de la Revolución francesa.

¿Dónde está la Torre de Hércules?

Es el símbolo de la ciudad de La Coruña. La leyenda cuenta que cuando Hércules venció a Gerión, enterró su cabeza, construyó sobre ella una torre y fundó allí la ciudad. Esta torre es, en realidad, un faro de la época romana que desde hace siglos ayuda a los barcos a llegar a puerto. Es el más antiguo de Europa en funcionamiento.

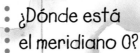

¿Dónde está el meridiano 0?

Los meridianos son líneas imaginarias que rodean la Tierra pasando por los polos. Sirven para situar cualquier punto del globo terráqueo. El meridiano que se utiliza de referencia recibe el nombre de meridiano 0, también denominado de Greenwich, ya que supuestamente pasa por esta localidad.
Es el que rige las mediciones horarias del mundo.

239

¿Dónde está el Archivo General de Indias?

Este edificio sevillano fue encargado por Felipe II al
arquitecto Juan de Herrera a finales del siglo XVI,
para ser la Lonja desde la que se controlara el
comercio con las colonias de América. Sin embargo,
nunca lo fue y, tras tener diversos usos, desde 1784
es el archivo que guarda la documentación relativa
a las colonias de América, unos 86 millones de
manuscritos y 8.000 mapas.

¿Dónde está Hollywood?

Antes de 1910 era un pequeño pueblo de la costa
este de Estados Unidos. A partir de entonces, los
directores de cine, atraídos por su buen clima y
paisajes, lo convirtieron en la Meca del cine. Allí se
rodaron las producciones cinematográficas más
importantes de la historia y, aunque en la actualidad
ha perdido parte de su importancia, sigue siendo un
centro imprescindible del séptimo arte.

¿Dónde están los pólderes?

Los Países Bajos (Bélgica y Holanda), como su nombre da a entender, están situados por debajo del nivel del mar. Esta circunstancia ha dado lugar a constantes inundaciones y pérdidas de tierras. Para evitarlo, se construyeron los pólderes, que son terrenos pantanosos ganados al mar por medio de diques. En los pólderes, entre otras cosas, se cultivan los famosos tulipanes holandeses.

¿Dónde está Troya?

Se encuentra en la actual Turquía, en el extremo noreste de Asia Menor. Se cree que *La Iliada*, leyenda escrita por Homero, se basa en hechos verídicos. Troya fue destruida por el fuego a principios del siglo XII a. C.

241

¿Dónde está el monte Sinaí?

La península montañosa del Sinaí está en Arabia, entre los golfos de Suez y de Akabah. Allí, en el macizo Horeb, a 2.244 metros se eleva el monte Sinaí. Según la Biblia, es el lugar donde Dios habló a Moisés y le entregó las Tablas de la Ley, que contenían los Diez Mandamientos.

¿Dónde están las cabezas olmecas?

Existen cabezas olmecas en La Venta y Tres Zapotes (México) que alcanzan hasta 3 metros de altura por 3 de diámetro y llegan a pesar 65 toneladas. Están esculpidas en basalto. Se cree que representan a gobernantes u otras personalidades de la época (hacia 1300 a. C).

242

¿Dónde está el castro de Coaña?

Los castros era poblados fortificados en la península Ibérica en el último periodo de la Edad de Bronce. En su interior se hallaban las viviendas circulares hechas de piedra. En Coaña, municipio de Asturias a orillas del Navia y del mar Cantábrico, existe un castro bien conservado.

¿Dónde está el monasterio de la Rábida?

En este monasterio franciscano, en la provincia de Huelva, recibió Cristóbal Colón un gran apoyo antes de su primer viaje a América. Actualmente muchas de sus estancias están decoradas con pinturas al fresco hechas en los años 30 del siglo XX por el pintor Daniel Vázquez Díaz. En las pinturas se representan diversos momentos de la historia del descubrimiento de América.

¿Dónde está la tumba de Tutankhamon?

Fue un faraón egipcio que, aunque solo vivió hasta los 18 años, es uno de los más famosos, debido a que su tumba, excavada en el Valle de los Reyes, es una de las pocas que se ha encontrado intacta. Su hallazgo, en 1922, ayudó a conocer mejor la cultura egipcia mediante uno de los más fabulosos tesoros que se conocen. Los objetos allí encontrados están repartidos entre los museos de El Cairo y Londres.

¿Dónde está el monte de los Olivos?

El monte de los Olivos es un lugar próximo a Jerusalén, al pie del valle de Cedrón. Es un lugar sagrado para los cristianos. Según los Evangelios, Jesucristo fue a orar a él con sus discípulos la víspera de su muerte. Allí también se consumó la traición de Judas, que entregó a Cristo por treinta monedas de plata.

¿Dónde está el *Titanic*?

Era un transatlántico cuyas notables dimensiones (271 metros de longitud y 60.000 toneladas de desplazamiento) y lo lujoso de sus instalaciones lo convirtieron en el más importante de su época. En la noche del 14 de abril de 1912, al chocar con un iceberg, se hundió al sur de Terranova, y 1.500 personas perecieron en el naufragio. Su lema era: «No lo hunde ni Dios».

¿Dónde están los toros de Guisando?

Se trata de cuatro pacíficos toros tallados en piedra entre los siglos III y II a. C. Su nombre lo deben a estar situados al pie del cerro de Guisando, en el abulense pueblo de El Tiemblo. Allí, junto a ellos, en una venta se firmó el Pacto de los Toros de Guisando, el 19 de septiembre de 1468. En él, Enrique IV, rey de Castilla, reconocía como legítima heredera a la que después sería Isabel la Católica.

¿Dónde está el paso de las Termópilas?

Es un desfiladero que se encuentra en Grecia. Allí en el año 480 a. C., Leónidas, con un pequeño número de hombres, intentó cerrar el paso al numeroso ejército de Persia. Todos los defensores del paso perecieron, pero opusieron una heroica resistencia, lo que hizo que este enfrentamiento pasara a la historia.

¿Dónde está el árbol de Guernica?

Este histórico roble que hay en la villa de su nombre es el símbolo de las libertades vascas. Bajo su sombra se reunían los representantes de los pueblos para deliberar. En el año 1892, el roble centenario fue sustituido por uno de sus retoños y se le venera como al primitivo, del cual se guarda aún el tronco seco.

¿Dónde está Lepanto?

El 7 de octubre de 1571 tuvo lugar la batalla naval de Lepanto en el golfo de Corinto (Grecia). La escuadra cristiana venció a la flota turca. La armada cristiana la formaron Felipe II (España), Venecia y Roma. La batalla duró cinco horas y murieron unos 35.000 hombres. Miguel de Cervantes participó en la contienda, perdió un brazo y le apodaron «el manco de Lepanto».

¿Dónde está el Pirulí?

Un pirulí es un tipo de caramelo, pero al que nos referimos mide 220 metros de altura y su perfil se ha incorporado al paisaje característico de la ciudad de Madrid. Hablamos de Torrespaña, conjunto concebido para albergar la producción y difusión de programas de Televisión Española. El pueblo madrileño bautizó el edificio con este nombre por la peculiar forma de su torre.

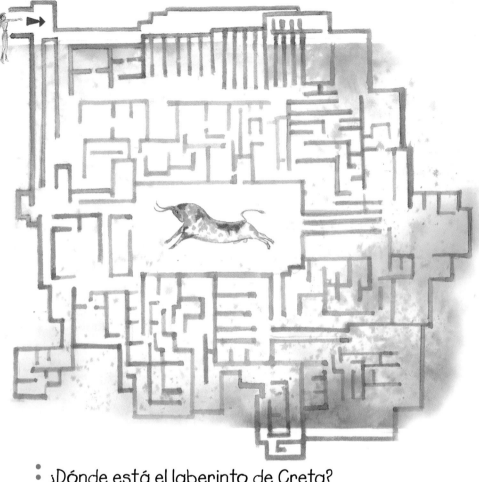

¿Dónde está el laberinto de Creta?

Según la mitología griega, en el palacio de Minos existía un laberinto en el que había un monstruo con cuerpo humano y cabeza de toro conocido como el Minotauro. Este palacio estaba en Cnosos, al norte de la isla de Creta, cerca de la actual ciudad de Heraklion.

¿Dónde está la basílica de Nuestra Señora de Guadalupe?

Según la tradición, en 1531, la Virgen se apareció al indio Juan Diego en un cerro cercano a la ciudad de México. Allí, cumpliendo el deseo de la Virgen, que dejó grabada su figura en lo que fue un ramo de flores, se levantó, en el siglo XVIII, la basílica de Nuestra Señora de Guadalupe. A ella, todos los días, miles y miles de fieles acuden en peregrinación desde todos los rincones de México y del mundo.

¿Dónde está la presa de Assuan?

Periódicamente, el Nilo inundaba las tierras de Egipto. Para regular estas crecidas, con la ayuda de la Unión Soviética se construyó la presa de Assuan, que fue terminada en 1971. Tiene un dique de 180 metros de altura y más de 3,5 kilómetros de largo.

¿Dónde está la Puerta del Sol?

Su nombre proviene del sol que adornaba el postigo allí situado en la antigua muralla medieval. El proyecto de la plaza data de 1857, aunque posteriormente se han hecho varias remodelaciones. Se encuentra en el centro de Madrid y en ella está el símbolo de la ciudad: la estatua del oso y el madroño. Recientemente, también se ha incorporado una estatua ecuestre de Carlos III.

¿Dónde está el canal de Panamá?

Para poder pasar del Atlántico al Pacífico sin tener que dar la vuelta a toda Sudamérica, comenzó a construirse en 1904 el canal de Panamá. Se aprovechó la parte más estrecha del istmo, y en 1920 pudo ser inaugurado este paso de 82 kilómetros que comunica ambos océanos.

¿Dónde está la estación Mir?

En 1986 la antigua Unión Soviética puso en órbita un centro de operaciones y laboratorio espacial. La estación Mir, que quiere decir Paz, dio vueltas alrededor de la tierra a 400 kilómetros de altura hasta el año 2001, cuando cayó controladamente al océano Pacífico. Su misión principal fue el estudio del comportamiento del organismo humano en el espacio. En esta estación el ruso Valeri Poliakov batió el récord de permanencia en órbita con 438 días.

¿Dónde está Hiroshima?

El 6 de agosto de 1945, a las
8:15, la superfortaleza
americana Enola Gay arrojó
sobre la ciudad japonesa de
Hiroshima la primera bomba
atómica. Esto provocó la
rendición del emperador Hiro-
Hito y el final de la Segunda
Guerra Mundial en el Pacífico. La
ciudad fue devastada, se contaron 60.000 muertos,
100.000 heridos y 200.000 personas perdieron su hogar.
Aún hoy muchas personas sufren las secuelas de la
radiactividad.

¿Dónde está Medina Azahara?

Fue una ciudad-palacio de un tamaño
excepcional que mandó construir
cerca de Córdoba Abderramán III
para su favorita Zahra (flor).
Posteriormente, con el paso del
tiempo, sus piedras se utilizaron en otras
muchas construcciones. Actualmente, los
trabajos arqueológicos intentan descubrir cómo fue
este gran palacio.

¿Dónde está La Meca?

La Meca es la ciudad santa de los musulmanes, a la que deben ir y visitar su mezquita al menos una vez en su vida. En el interior, en un edificio en forma de cubo, cubierto por una inmensa seda negra con versículos del Corán, se encuentra la Kaaba o piedra negra, que según la tradición el arcángel Gabriel le trajo a Abraham, cuya tumba también está allí.

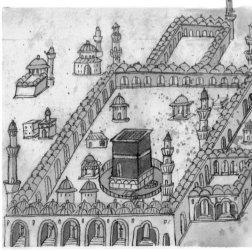

¿Dónde está la piedra Rosetta?

En 1799 los soldados de Napoleón encontraron, cerca de la ciudad egipcia de Rosetta, un bloque de basalto negro de poco más de un metro de altura lleno de inscripciones en tres lenguas diferentes: demótica, griega y

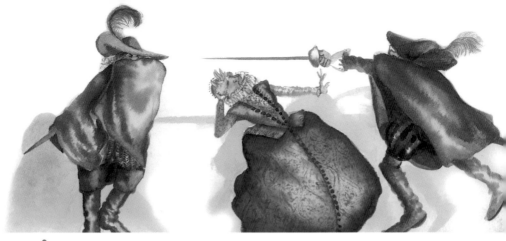

¿Dónde está el corral de comedias de Almagro?

En la plaza porticada de Almagro (Ciudad Real), se encuentra su famoso corral de comedias. Los corrales de comedias son los lugares en los que antiguamente se representaban obras de teatro. El de Almagro data del siglo XVI y es uno de los mejor conservados de Europa. Es uno de los pocos que permanece activo. Todos los años, durante el mes de julio, numerosas e importantes compañías representan sus obras en él.

jeroglífica. Este hallazgo dio la clave para descifrar la escritura jeroglífica. Quien logró descifrarla fue Champollion. La piedra Rosetta se conserva en el Museo Británico de Londres.

¿Dónde está el Valle de los Reyes?

Debido a las continuas profanaciones y robos que sufrían las tumbas de sus antepasados, los faraones egipcios durante el Imperio Nuevo (1560-1085 a. C.) decidieron cambiar su forma de enterramiento, y dejaron de construir pirámides para excavar sus tumbas en la roca. Eligieron para ello una depresión montañosa de difícil acceso y fácilmente vigilable que desde entonces se llama el Valle de los Reyes.

¿Dónde está Tartessos?

Durante la primera mitad del primer milenio antes de Cristo, existió en el suroeste de la península Ibérica un reino de fabulosas riquezas denominado Tartessos. La cultura tartésica se extendía por el bajo Guadalquivir y bajo Guadiana. Hoy sabemos que los tartesios explotaron las minas circundantes de cobre y plata.

¿Dónde está la Ruta de la Seda?

Fue una ruta de caravanas que durante la Edad Media puso en contacto Europa con Oriente. Partía de Antioquía y llegaba hasta el mar de la China pasando por numerosos países. A través de esta ruta se intercambiaban mercancías de todo tipo, como sedas, pieles, sándalo, etc., como se describe en *El libro de las Maravillas*, de Marco Polo.

¿Dónde está la fuente de la Cibeles?

Es uno de los emblemas de Madrid. Esta fuente representa a la diosa grecorromana de la naturaleza

¿Dónde está el malecón de La Habana?

Un malecón es una muralla que suele hacerse para defensa de los daños que puedan ocasionar las aguas del mar. En el siglo XIX la expansión de la ciudad de La Habana, capital de Cuba, dio lugar a la construcción de nuevos barrios y, junto a estos, a la avenida del malecón, lugar preferido, tanto por los cubanos como por los turistas que visitan la ciudad, para pasear y reunirse, por su bonita vista. Es uno de los símbolos de la bella ciudad caribeña.

sobre un carro tirado por dos leones. Está situada en la plaza del mismo nombre, cuyo trazado se debe a los arquitectos Ventura Rodríguez y José Hermosilla en tiempos de Carlos III. El autor de la estatua de la diosa fue Francisco Gutiérrez y el de los leones, Roberto Michel. Es muy visitada por turistas y aficionados al fútbol, que celebran allí las victorias del Real Madrid.

¿Dónde está Angkor, la ciudad templo?

Las ruinas de la ciudad de Angkor permanecieron ocultas en la jungla hasta que el naturalista francés Henri Mouhot las descubrió en 1860. Esta antigua y misteriosa ciudad se encuentra a unos 240 kilómetros de Phnom Penh, capital de Camboya. Ocupaba casi 100 km^2 y estaba salpicada de templos, santuarios, casas, calzadas, canales, estatuas y relieves de gran belleza y simbolismo.

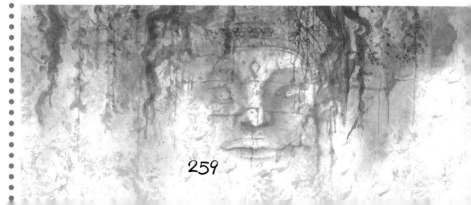

259

¿Dónde está el anillo mágico de piedra?

En Stonehenge se encuentra el más famoso de los monumentos megalíticos de Inglaterra y a la vez la estructura prehistórica (de finales de la Edad de Piedra) más importante de Europa. Está formado por cuatro círculos concéntricos de piedras. Se cree fue lugar de reunión de la tribu o un centro de carácter religioso.

¿Dónde está Auschwitz?

Durante la Segunda Guerra Mundial los nazis crearon campos de concentración, en los que millones de judíos y prisioneros aliados fueron sometidos a horrorosas torturas, y exterminados. Uno de los más famosos campos de exterminio fue el de Auschwitz, situado en la Polonia ocupada. Algunos de estos campos se han conservado para que nadie olvide estos trágicos sucesos y nunca vuelvan a repetirse.

¿Dónde está el Empire State?

Durante mucho tiempo, sus 440 metros de alto le hicieron ser el rascacielos más alto del mundo, cómo no, en la ciudad de los rascacielos, Nueva York. Su construcción terminó en 1931, tras 10 años de obras. Cuenta con 102 pisos, a los que, además de andando, se puede subir en alguno de sus 73 ascensores.

¿Dónde está El Dorado?

Por más que busquemos en los mapas no lograremos encontrar El Dorado. Es un país imaginario en el que los descubridores españoles creyeron que podrían hallar oro y riquezas inagotables. Numerosas expediciones lo buscaron en el centro de Sudamérica, en la Amazonia. No dieron con él, pero esa búsqueda dio lugar a muchos otros descubrimientos.

¿Dónde está Belén?

Cuentan los Evangelios que el emperador Augusto ordenó empadronarse a los súbditos del Imperio romano. Con tal motivo José y María fueron a Belén de Judea, en la actual Israel. Allí, en un establo, María dio a luz a Jesús, que según la creencia cristiana es el Hijo de Dios hecho hombre para salvar al mundo del pecado por medio del amor a los demás.

¿Dónde está el Transiberiano?

Es el ferrocarril transcontinental que comunica el territorio europeo de la antigua Unión Soviética con el extremo Oriente. Parte de Moscú y finaliza en Vladivostok, después de más de 9.000 kilómetros de vía férrea, la más larga del mundo. Fue destinado a facilitar la colonización de las tierras vírgenes siberianas y el despliegue militar en Oriente.

¿Dónde está el muro de Adriano?

Es una construcción militar levantada en época del emperador Adriano en tierras inglesas. Tenía una longitud de 177 kilómetros, un espesor de 2 a 3 metros y una altura de 5 a 6 metros. Su misión defensiva se complementaba con 320 torres y 73 fortalezas, además del profundo foso que lo rodeaba.

¿Dónde está el puente de Brooklyn?

Se trata de uno de los grandes avances de la ingeniería en el siglo XIX. Este puente, que junto a la estatua de la Libertad es el símbolo de su ciudad, Nueva York, mide 2.065 metros de largo. Precisamente su longitud y la sensación de que estaba suspendido en el aire hacían desconfiar de su seguridad, y se vivieron algunas escenas de pánico entre sus primeros usuarios.

¿Dónde
están los
espacios
naturales...?

¿Dónde está la corriente de El Niño?

La corriente de El Niño es un fenómeno oceánico y atmosférico en el océano Pacífico que provoca alteraciones climáticas de distinta magnitud a lo largo de la costa occidental de Perú y Ecuador. Recibe este nombre aludiendo al Niño Jesús, porque esta corriente comienza normalmente por Navidad.

¿Dónde está el mar de la Tranquilidad?

Si alguien quisiera bañarse en este mar, no podría hacerlo. Se conoce por «mar de la Tranquilidad» a una de las llanuras oscuras de la Luna, que denominaron «mares» los observadores del siglo XVIII. Se encuentra en el cuadrante nordeste, entre los mares de la Serenidad y de la Fecundidad.

266

¿Dónde está el parque de Yellowstone?

El oso Yogui —ese simpático personaje de los dibujos animados— nos hizo familiar el nombre del parque de Yellowstone. Se encuentra en el estado de Wyoming, en Estados Unidos, a donde acuden miles de visitantes a contemplar sus bellezas naturales. Géiseres y aguas térmicas han formado esculturas naturales, grutas, cañones... Dentro de su extenso territorio se alberga una variada fauna y una no menos rica flora, entre la que destacan sus gigantescas secuoyas.

¿Dónde está el Ganges?

Este río, que recorre la India a lo largo de 2.700 kilómetros, es sagrado para los hindúes, que consideran sus aguas purificadoras, especialmente a su paso por Benarés. A esta ciudad acuden miles de peregrinos para bañarse en este río porque se cree que sus aguas lavan los pecados. En el río se esparcieron las cenizas de Gandhi.

¿Dónde está la aurora boreal?

La aurora boreal es un fenómeno atmosférico que tiene lugar en el hemisferio norte. Se caracteriza por una gran luminosidad que se produce generalmente por encima de los 60° de latitud. Consiste en manchas luminosas de varias tonalidades. Provocan interferencias de teléfono, radio y telégrafos.

¿Dónde está el Naranjo de Bulnes?

Dentro del parque nacional de Picos de Europa, en el principado de Asturias, se alza la imponente mole del Naranjo de Bulnes, con su cresta dentada. Sus 2.519 metros sobre el nivel del mar le hacen ser una de las cimas más elevadas de este macizo montañoso. Al amanecer, cuando el sol lo ilumina, se tiñe de color naranja, a lo que debe su nombre.

268

¿Dónde están las Ramblas?

Estas avenidas están llenas de vida las veinticuatro horas del día, y pasear por ellas, desde la Plaza de Cataluña hasta la orilla del mar en el Puerto Viejo, es una de las formas más agradables de empezar a conocer Barcelona. Podemos ver curiosos personajes, mientras paseamos entre quioscos, puestos de pájaros, de flores, cafés...

¿Dónde está el atolón de Bikini?

En Micronesia, a mitad de camino entre Nueva Guinea y las islas Hawái, se encuentra el atolón de Bikini. Consiste en un anillo de veinte pequeñas islas de coral. Entre 1946 y 1958 se realizaron en este lugar las primeras pruebas de la bomba atómica por científicos estadounidenses.

¿Dónde está el Olimpo?

El monte Olimpo, con sus 2.917 metros de altitud, es el más elevado de

Grecia. Está situado cerca del mar Egeo, en la frontera de Macedonia y Tesalia. En la mitología griega se creía que era el hogar de los doce dioses y donde Zeus, dios supremo, padre de los hombres y de los dioses, tenía su trono.

¿Dónde está la fosa de Las Marianas?

En el océano Pacífico, bajo el archipiélago de las islas Marianas, a una profundidad de 11.034 metros se encuentra la fosa Challenger. Es el punto más profundo de la Tierra. En 1960 Jacques Piccard realizó aquí la primera inmersión en batiscafo (sumergible tripulado).

¿Dónde está el coto de Doñana?

Este parque nacional, el más extenso de Europa Occidental, con 77.000 hectáreas, entremezcla la belleza natural y ecológica con la historia. En él, príncipes, reyes, artesanos y artistas dejaron su huella. Ocupa parte de las provincias de Sevilla, Huelva y Cádiz. La variedad de su fauna y de su flora hacen de este parque un espacio natural único.

¿Dónde está el Fujiyama?

El Fujiyama es la montaña sagrada del Japón. Su relieve siempre nevado se ha convertido en símbolo del país y punto de interés turístico. Es un antiguo volcán apagado desde 1707 y posee un cono perfectamente regular, de 500 metros de diámetro, que se alza hasta los 3.773 metros de altitud.

¿Dónde está el monte Saint-Michel?

Es una isleta rocosa del canal de la Mancha. En el siglo VIII, el obispo de Avranches mandó construir allí una capilla después de tener una aparición del arcángel San Miguel. Se convirtió en poco tiempo en centro de peregrinaje. Más tarde fue construido un monasterio conocido como «La Maravilla». En la actualidad es considerado una de las principales atracciones turísticas francesas.

¿Dónde están las islas de Juan Fernández?

Forman un pequeño archipiélago del Pacífico, perteneciente a Chile. Fue descubierto por el español Juan Fernández cuando buscaba una nueva ruta para ir de Perú a Chile. En una de sus islas, en 1705, vivió su destierro voluntario el marinero escocés Selkirk, en el que se inspiró Daniel Defoe para escribir su famosa novela *Robinson Crusoe*.

¿Dónde está el géiser Waimangu?

En Nueva Zelanda, en 1904, entró en erupción el géiser Waimangu. Su chorro de agua caliente alcanzó 457 metros, superando en 12 al que entonces era el edificio más elevado del mundo, el rascacielos Sears de Chicago. Hoy, este célebre géiser se encuentra inactivo.

¿Dónde está Tierra de Fuego?

Situada en el extremo meridional de América del Sur, la separa del continente el estrecho de Magallanes. Está constituida por una extensa isla y otras menores desperdigadas por el Atlántico y el Pacífico. En su mayor parte pertenece a Chile y el resto a Argentina. El nombre fue inventado por Magallanes inspirándose en las fogatas que hacían sus primitivos pobladores. El clima es riguroso en invierno y los veranos cortos y frescos.

¿Dónde está el Everest?

Es el pico más elevado del mundo, está en el Himalaya, entre Nepal y el Tíbet, a 8.882 metros de altitud. Fue medido por primera vez en 1835 por el coronel Everest, del que tomó el nombre. Después de numerosas tentativas, el 29 de mayo de 1953 se conquistó la cumbre. Lo hicieron el alpinista Edmund Hillary y el guía sherpa Bhotia Tensing, que formaban parte de una expedición comandada por el coronel John Hunt.

274

¿Dónde está el drago milenario?

Este extraño árbol solo vive en las islas Canarias, en Tenerife. Parece un cactus gigante. Su tronco, al crecer, no forma los anillos que nos permiten contar los años de los árboles, por lo que es muy difícil calcular su edad. Se cree que algunos ejemplares alcanzan miles de años, como el de Icod de los Vinos, que es el drago más antiguo que se conoce.

¿Dónde están los Andes?

A esta cordillera se la conoce como la «espina dorsal de América», pues recorre América del Sur, desde el istmo de Panamá y el valle del Orinoco hasta las serranías occidentales de Tierra de Fuego. Su nombre deriva del nombre de la tribu de los «antis». Entre sus numerosas cimas destaca el Aconcagua, de 6.959 metros de altura, en Argentina, la cumbre más alta de América.

¿Dónde están las cataratas del Niágara?

El río Niágara, que separa Canadá de Estados Unidos, al salvar los lagos Erie y Ontario forma estas famosas cataratas. No solo son célebres por su volumen de agua y por tener algo más de 50 metros de altura; también por ser el destino turístico de numerosos recién casados que las visitan en su luna de miel.

¿Dónde está el mar Muerto?

Se encuentra en Oriente Próximo, entre Jordania e Israel. La densidad del agua del mar Muerto es muy superior a la normal; resulta difícil sumergirse y para flotar no se necesita apenas esfuerzo. La gran cantidad de sustancias químicas disueltas en sus aguas hace que sea imposible la vida animal y vegetal. Por el contrario, sí permite la explotación, con fines comerciales, de productos como potasa, magnesio y bromo.

¿Dónde están las islas Galápagos?

Las islas Galápagos, también llamadas Colón, son un archipiélago del Pacífico perteneciente a Ecuador. Consta de trece islas mayores y varios islotes. Pese a su escasa fauna y pobre vegetación, es, sin embargo, un paraíso para algunos ejemplares únicos, como las iguanas marinas, cormoranes y diversas especies de galápagos que dan nombre al archipiélago.

¿Dónde está la Costa de la Muerte?

La zona de las costas de La Coruña que van de Malpica al cabo de Finisterre son agrestes y extremadamente peligrosas para la navegación. Debido a las galernas muchos barcos han naufragado, a lo largo de los tiempos, al estrellarse contra los acantilados. De ahí su trágico nombre.

¿Dónde está el Danubio?

Es un gran río de Europa, que nace en la Selva Negra. Después de 2.650 kilómetros de curso, navegables en su mayor parte, desemboca en el mar Negro. Pasa por Alemania, Austria, Eslovaquia, Hungría, Croacia, Bosnia-Herzegovina, Rumania, Bulgaria, Moldavia y Ucrania, y marca la frontera entre varios de estos países. Sus aguas han servido de inspiración a poetas y músicos, que las han cantado en sus composiciones.

¿Dónde está la isla Tortuga?

La Tortuga es un islote situado en el Caribe, al norte de Haití, llamado así por su forma. En él vivían los bucaneros, dedicados a la caza de un tipo de buey que vivía en sus montañas. Desde 1630 hasta finales del siglo XVII fue guarida de piratas. Allí se formó la legendaria sociedad de filibusteros, conocida como la «Cofradía de los Hermanos de la Costa».

278

¿Dónde está Krakatoa?

La isla volcánica de Krakatoa, situada
entre las de Sumatra y Java, se hizo
tristemente célebre por la impresionante
erupción de su volcán, el Perbuatán. Este
volcán estalló en 1883, lanzando piedras a
una altura de 55 kilómetros. La explosión
se escuchó en Australia y generó una ola
sísmica de 40 metros de altura. Fue una
gran catástrofe. La isla quedó
parcialmente destruida y 36.000 personas
perdieron la vida.

¿Dónde está el Mont Blanc?

Es el pico más elevado de Europa, alcanza los 4.810 metros. Se encuentra en la cordillera de los Alpes, en la frontera entre Francia, Italia y Suiza. Un túnel de 11.600 metros lo atraviesa, comunicando Francia e Italia. Alcanzaron su cima por primera vez en 1786 los alpinistas franceses Jacques Balmat y Michel Paccard.

¿Dónde está el desierto del Sáhara?

Con una superficie como catorce veces la de España, es el mayor desierto del mundo. Se extiende, en una franja de 500 kilómetros por el norte de África, desde el Atlántico hasta el mar Rojo. El rigor del clima y la carencia de agua hacen que solo las caravanas crucen sus arenas por rutas conocidas desde hace cientos de años.

¿Dónde están el Polo Norte y el Polo Sur?

Son cada uno de los extremos del eje imaginario en torno del cual verifica la Tierra su ciclo rotatorio de 24 horas de duración. Se conocen con el nombre de Polo Norte, boreal o ártico, y Polo Sur, austral o antártico. Ocupan dos grandes zonas llamadas casquetes polares. El clima es muy riguroso, es el lugar más frío de la Tierra.

¿Dónde están las cataratas Victoria?

Son las cataratas del río Zambeze, entre Zambia y Zimbabue. Este río, que tiene una anchura de 1.700 metros, forma una cascada de 110 metros de altura, en una garganta que sólo tiene 75 metros de anchura. Fueron descubiertas por el explorador David Livingstone en 1855 y, como homenaje a la reina de Inglaterra, las bautizó con el nombre de Victoria.

¿Dónde está el Amazonas?

Es el río mayor del mundo por la extensión de su cuenca, que abarca 7 millones de km^2. Posee una longitud de 6.280 kilómetros. Situado en América meridional, baña Perú y Brasil, y desemboca en el océano Atlántico. Fue descubierto por Pinzón en 1500 y explorado por Francisco de Orellana, que le dio este nombre por encontrarse en sus márgenes mujeres guerreras.

¿Dónde está la cámara de Sarawak?

Se conoce con el nombre de cámara de Sarawak a la cueva que se encuentra en el lugar del mismo nombre, en Malasia. Sus dimensiones la convierten en la mayor del mundo. Tiene una extensión de 162.700 km^2. La cámara principal es de 700 metros de largo y tiene una anchura media de 300 metros.

¿Dónde está el parque de Ordesa?

En el Pirineo aragonés se halla uno de los parques nacionales más antiguos y sobrecogedores. En él se encuentra el Monte Perdido. Su extensión es de 15.709 hectáreas. La belleza de sus paisajes y la variedad de su vegetación y fauna lo convierten en uno de los parques más visitados. Su joya faunística es la cabra montés.

¿Dónde está el Etna?

Es el volcán más espectacular de Europa. Se encuentra al noroeste de la isla de Sicilia, en Italia. Conocido desde la más remota antigüedad por sus terribles erupciones, se ubica en el monte más alto de la isla, a 3.269 metros sobre el nivel del mar. Según la mitología, en este volcán estaban las fraguas de Vulcano, el dios herrero que fabricaba allí los rayos del dios Júpiter.

¿Dónde están los icebergs?

En las aguas de los mares árticos y antárticos
flotan a la deriva enormes trozos de hielo
desgajados de los glaciares. Son los icebergs, de los
que la parte visible representa una octava parte de
su tamaño, quedando el resto sumergido. A veces
alcanzan tales dimensiones que se ha llegado a creer
que el naufragio del famoso transatlántico Titanic
se debió al choque con una de estas «montañas» de
hielo.

¿Dónde están las islas de las Tortugas?

En 1503, Cristóbal Colón descubrió estas islas situadas al noroeste de Jamaica y las denominó las «Tortugas» por la abundancia de tortugas de mar en su aguas, que pronto atrajeron a numerosos pescadores que hicieron peligrar su supervivencia. Más tarde, en 1527 recibieron el nombre de islas Caimán.

¿Dónde está el Paraíso terrenal?

Según la Biblia, Dios puso a Adán y Eva en un lugar ideal, en el que todo estaba a su disposición. Pero Adán y Eva desobedecieron a su creador y fueron expulsados del Paraíso. Algunos han llegado a afirmar que este lugar único y maravilloso estuvo situado entre los ríos Tigris y Éufrates.

¿Dónde está el lago Ness?

Ciertas crónicas aseguran que en su interior habita un fantástico monstruo. Sea o no leyenda, lo cierto es que este lago escocés, situado en la larga depresión del Glen More, es uno de los más famosos del mundo y destino turístico de numerosos viajeros que se acercan al lago con la esperanza de ver al monstruo.

¿Dónde está el lago Titicaca?

En el altiplano Andino, entre Bolivia y Perú, a 3.812 metros sobre el nivel del mar, se encuentra el lago Titicaca. Gracias a la humedad que proporciona la elevada evaporación de las aguas del lago, las temperaturas, que debían ser extremas, se suavizan, favoreciendo el asentamiento humano.

¿Dónde está el mar de los Sargazos?

El denominado mar de los Sargazos ocupa una extensión de 4.000.000 km^2 y se encuentra en el océano Atlántico, entre las islas Azores y el continente americano. En él predominan las algas llamadas sargazos, que, arrancadas de las costas de las Antillas por los ciclones de verano, son arrastradas por la corriente hasta esa zona del Atlántico.

¿Dónde están los montes Virunga?

En África Central, en los límites de Ruanda, Uganda y la República Democrática del Congo, se encuentran estos montes, formados por numerosos volcanes actualmente apagados. En ellos habita uno de los pocos grupos de gorilas salvajes. La bióloga Diane Fossey vivió con ellos gran parte de su vida, estudiando sus costumbres y fue asesinada por los cazadores furtivos, a los que se había enfrentado.

287

¿Dónde está los Monegros?

Una extensa y desolada estepa se extiende entre las tierras de Zaragoza y Huesca. Tan árida es la comarca de los Monegros que cuenta la leyenda que ni el mismo diablo quería vivir en ella. A pesar de todo, en medio de su desértico paisaje, en el que ningún fruto parece poder brotar de la tierra, habita un mundo vegetal y faunístico único en Europa.

¿Dónde está el circo de Gredos?

Durante mucho tiempo, la Tierra estuvo cubierta de hielo. Como muestra del papel de los hielos en la formación del paisaje, nos quedan estos circos glaciares. Son grandes «cuencos» en los se acumula la nieve caída y que se precipita de las avalanchas. En el corazón de la sierra de Gredos, en la provincia de Ávila, tenemos uno de los mejores y más bellos ejemplos.

288

¿Dónde está la Albufera?

Se trata de un lago de agua dulce situado al sur de Valencia, que es alimentado por el río Turia y está separado del mar por una franja de arena cubierta de vegetación. Tiene una profundidad máxima de 2,5 metros. Es lugar de paso para numerosas colonias de aves migratorias y en sus alrededores se produce un tercio del arroz español.

¿Dónde está el Gran Cañón del Colorado?

Muchas películas del Oeste ha utilizado las imágenes de esta colosal obra de la naturaleza. En una árida meseta del estado norteamericano de California, el río Colorado, llamado así por el color rojizo de sus aguas, ha excavado una hermosísima y profunda garganta, que en algunos puntos llega a alcanzar los 1.800 metros, lo que la convierte en una de las bellezas naturales más admiradas del mundo.

289

¿Dónde está el mar Caspio?

Con sus 423.300 km², es el mayor lago del mundo. Sus aguas bañan las tierras de Rusia, Irán y algunas repúblicas de la antigua Unión Soviética. Aunque se trata de un lago de agua dulce, su comportamiento es el de un mar, con grandes oleajes y tormentas. En las aguas del Caspio se pesca el esturión, con cuyas huevas se obtiene el exquisito caviar.

¿Dónde está el Teide?

Es la montaña más elevada de España. Alcanza los 3.710 metros de altura y se encuentra en la isla de Tenerife, en Canarias. El conjunto volcánico se halla asentado en el interior de una caldera de grandes proporciones denominada «Las Cañadas». Las cumbres se encuentran desprovistas de vegetación y en invierno se cubren de nieve.

¿Dónde está Groenlandia?

Es la mayor isla del mundo, situada entre el mar de Baffin y el océano Glacial Ártico. Pertenece a Dinamarca. Tiene 2.175.000 km^2, en su mayor parte cubiertos de hielo. Su población es de 32.000 habitantes, en su mayoría esquimales dedicados a la caza de focas y osos polares, y pesca de salmones y merluzas. Debe su nombre a Eric el Rojo, que en el año 980 la llamó «Groen-land» (tierra verde), por haber hallado en su extremo meridional un bosque de abedules.

¿Dónde está la taiga?

En las zonas más septentrionales de Europa, Asia y América, se encuentra el bosque más extenso de la Tierra. Taiga es una palabra rusa que significa «bosque frío». Situada al sur de la tundra, superficie que bordea el casquete de las regiones polares, está formada principalmente por coníferas. La noche reina casi la mitad del año, con temperaturas inferiores a 0 °C.

291

¿Dónde está la Ciudad Encantada?

Cuenta la leyenda que la Ciudad Encantada es un trozo de la Atlántida, el misterioso continente perdido, que se quedó anclado al bajar el mar. En realidad, se trata de una formación cárstica que ocupa unos 20 km^2 en la serranía de Cuenca. Allí, las rocas han tomado formas curiosas y han creado laberintos naturales, que realmente parecen ser fruto de un encantamiento.

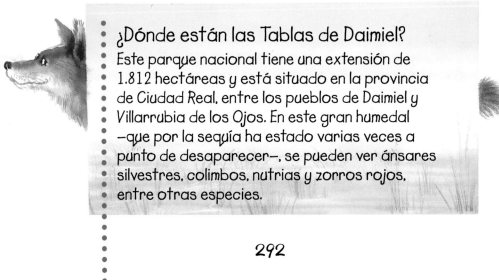

¿Dónde están las Tablas de Daimiel?

Este parque nacional tiene una extensión de 1.812 hectáreas y está situado en la provincia de Ciudad Real, entre los pueblos de Daimiel y Villarrubia de los Ojos. En este gran humedal —que por la sequía ha estado varias veces a punto de desaparecer—, se pueden ver ánsares silvestres, colimbos, nutrias y zorros rojos, entre otras especies.

¿Dónde está el salto del Ángel?

En el año 1935 el piloto James C. Angel, sobrevolando la altiplanicie de la Montaña del Diablo, en la selva venezolana, descubrió esta gran cascada. Debido a que se encuentra en un lugar bastante inaccesible, no había sido vista nunca antes, pese a ser la catarata más alta del planeta, con un salto de 980 metros.

¿Dónde está el Machu Picchu?

En un lugar de la cordillera de los Andes, al norte de Cuzco, en Perú, a más de 2.400 metros de altura se encuentra esta antigua ciudad inca. Fue construida en el siglo XIV. Pasó inadvertida para los españoles y no fue «redescubierta» hasta 1911. Su emplazamiento y sus impresionantes construcciones hacen de Machu Picchu motivo de admiración.

¿Dónde están los pueblos...?

¿Dónde están los papúes?

Los papúes son los habitantes originarios de Papúa-Nueva Guinea, estado independiente situado al este de Indonesia y al norte de Australia, en el suroeste del océano Pacífico. Comparten el territorio con grupos melanesios y de pigmeos procedentes de antiguas migraciones. La agricultura es su actividad económica más importante. Le siguen la pesca, la caza y la minería.

¿Dónde están los tuaregs?

Los tuaregs, también llamados «hombres azules» por el color de su ropas, son un pueblo norteafricano de raza bereber, con abundante mestizaje de negros sudaneses. Al vivir entre la montaña y el desierto, han podido conservar su lengua y sus costumbres, que son principalmente el nomadismo y su independiente forma de ser. Actualmente se reparten por los estados de Mali, Níger, Libia y Argelia.

¿Dónde están los jíbaros?

En lo más profundo de la selva amazónica, entre
Ecuador y Perú, habita el pueblo jíbaro. La agricultura,
la pesca y la caza son la base de su economía. Este
pueblo, belicoso y amante de su independencia, ha
logrado subsistir. Su fama se debe al arte de reducir
las cabezas de sus víctimas al tamaño de un puño. Con
ello los jíbaros creen evitar la venganza de los
muertos.

¿Dónde están los javaneses?

Son los habitantes de la isla de Java, en el
archipiélago malayo al sur de Indonesia, que
limita al norte con el mar de Java, al este con
el estrecho de Bali, al sur con el
océano Índico y al oeste con el
estrecho de Sonda. En la sociedad
javanesa las mujeres ocupan un lugar
destacado, al estar basada en el
matriarcado. Su actividad económica
principal es el cultivo de arroz.

298

¿Dónde están los sefardíes?

En 1492, por un edicto de los Reyes Católicos, los judíos españoles fueron expulsados y tuvieron que abandonar el país. Los sefardíes o sefarditas, oriundos de España, quedaron repartidos por todo el mundo, pese a lo cual han luchado por mantener vivos el idioma, las costumbres y las tradiciones. Aún hoy siguen editándose periódicos en ladino, que es castellano antiguo escrito en caracteres hebreos.

¿Dónde están los cosacos?

Los cosacos fueron pueblos nómadas o semisedentarios. Aparecieron a finales del siglo XV en las estepas del sur de Rusia. Eran caballeros de origen ruso que habían huido debido a la miseria o la guerra. Excelentes guerreros y jinetes, eran temidos por sus adversarios.

¿Dónde están los mayas?

Se trata del pueblo que desarrolló su cultura en América Central desde el nacimiento de la era cristiana hasta el siglo XVI. Sin duda es una de las civilizaciones precolombinas que mayor desarrollo alcanzó, y aún hoy asombran sus conocimientos científicos y sus realizaciones artísticas.

Curiosamente, inventaron un juego de pelota similar al baloncesto actual.

¿Dónde están los sherpas?

Las expediciones al Everest han hecho populares a los sherpas. Estos viven dispersos en los valles y laderas del Himalaya, entre Nepal y el Tíbet, a más de 3.000 metros de altitud. Su economía se basa principalmente en el cultivo de algunos cereales y en la cría de ganado. Sus especiales condiciones físicas les han hecho ser excelentes guías y porteadores en las escaladas a las cimas de la cordillera del Himalaya.

¿Dónde están los malayos?

Los malayos forman la población más numerosa en la Oceanía occidental, llamada por esta razón Malasia. Son de piel morena, cabellos lisos, nariz aplastada y ojos grandes. En tiempos pasados, algunos se dedicaron a la piratería a bordo de sus barcos, conocidos como «praos», por los mares del extenso archipiélago indonesio.

¿Dónde están los masáis?

El pueblo masái habita en Kenia y Tanzania. Son nómadas y se dedican fundamentalmente al pastoreo. Construyen sus chozas con estiércol de vaca seco y las disponen formando un círculo, en cuyo interior se resguarda el ganado. Los jóvenes deben pasar por un rito de iniciación en el que son circuncidados y se les rasura la cabeza, para entrar en la categoría de guerreros.

¿Dónde están los aztecas?

Fueron los creadores del famoso imperio que conquistaron los españoles al mando de Hernán Cortés. De mediana estatura, color leonado, frente ancha y ojos y cabellos negros, procedían del norte de California y establecieron su imperio en el valle de México. La lengua común de los aztecas era el «nahua». Destacaban en arquitectura por sus notables construcciones y practicaban el politeísmo.

¿Dónde están los gitanos?

Son un pueblo errante que parece proceder del norte de la India y se extendió por Europa en los tiempos medievales. Poseen una lengua propia, el «caló». Las leyes por las que se rigen no han sido escritas, se basan en sencillos principios de fidelidad al pueblo, a sus costumbres, a la palabra dada, a sus mayores... Un rico folclore gitano se ha desarrollado especialmente en España.

¿Dónde están los beduinos?

El beduino es el árabe nómada que vive en los desiertos. Por su forma de vida el camello lo es todo para él. En la actualidad las tribus se hallan diseminadas por el norte de África y Oriente Medio. La tradición dice que se consideran con derecho a desvalijar a quienes pasan por sus dominios, aunque en realidad son un pueblo hospitalario.

¿Dónde están los mongoles?

Son de corta estatura y ojos oblicuos, y se dedican principalmente al pastoreo trashumante. Sus viviendas, llamadas «yurtas», son tiendas cilíndricas hechas de piel, que montan y desmontan con gran facilidad. Excelentes jinetes, llegaron a dominar, al mando de Gengis Khan, en la Edad Media, gran parte de Asia. Hoy habitan un territorio árido, entre la estepa siberiana y China.

¿Dónde están los esquimales?

Habitan en América del Norte, entre Alaska y
Groenlandia. Son de baja estatura, piel amarillenta y
ojos oblicuos. Se dedican a la caza y a la pesca,
actividades de las que obtienen lo necesario para
vivir. Estos «comedores de carne cruda» —ese es el
significado de la palabra «esquimal»—, pasan la
mayor parte del tiempo, debido a lo extremo del clima,
en los iglús, construcciones semiesféricas de bloques
de hielo.

305

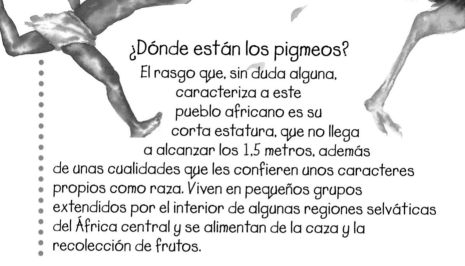

¿Dónde están los pigmeos?

El rasgo que, sin duda alguna, caracteriza a este pueblo africano es su corta estatura, que no llega a alcanzar los 1,5 metros, además de unas cualidades que les confieren unos caracteres propios como raza. Viven en pequeños grupos extendidos por el interior de algunas regiones selváticas del África central y se alimentan de la caza y la recolección de frutos.

¿Dónde están los lapones?

Son un pueblo que habita en el extremo septentrional de Europa, por encima del círculo polar ártico. En la actualidad son unos 20.000 individuos repartidos a lo largo de un extenso territorio que comprende el norte de Escandinavia, Finlandia y Rusia. Su economía se basa fundamentalmente en el pastoreo trashumante de renos.

¿Dónde están los kurdos?

Los kurdos son los naturales del Kurdistán, una región montañosa y de agrestes valles del Asia occidental, que comprende territorios de Irán, Iraq y Turquía. Son de religión musulmana y poseen lengua propia. Mantienen una larga lucha por su independencia con los Estados que comparten su territorio.

¿Dónde están los sioux?

Las películas del Oeste popularizaron a este pueblo indígena de las llanuras del norte de EE UU. Lo formaban numerosas tribus extendidas entre el río Misisipi y las montañas Rocosas. Uno de sus jefes fue el legendario Sitting Bull (Toro Sentado). En la actualidad sólo viven unos miles de indios confinados en las reservas.

¿Dónde están los guanches?

El origen de este pueblo primitivo, hoy extinguido, está envuelto en el misterio. Al llegar los primeros europeos, en el siglo XIV, se encontraron con que las islas Canarias estaban habitadas por una raza de gente de elevada estatura y piel blanca. Vivían en cavernas y en pequeños asentamientos. De su cultura quedan algunos restos.

¿Dónde están los samoyedos?

Son un pueblo del norte del viejo continente, que se extiende por la Rusia europea, las costas del mar Báltico y el noroeste de Siberia. Es uno de los pueblos más primitivos de Europa. Su economía se basa en la caza y en la pesca. Este pueblo da gran importancia a los ritos mágicos, por lo que los brujos son respetados y gozan de gran prestigio.

¿Dónde están los patagones?

La Patagonia comprende las tierras más meridionales de Argentina. En ella habitan los «techuelches» o patagones, hoy casi extinguidos. El explorador Pigaffeta fue el primero que dio noticias de ellos. Los patagones envolvían sus pies en pieles de guanaco (un rumiante autóctono) y dejaban una huella tan grande que indujo al error de creer que eran gigantes.

¿Dónde están las obras de arte...?

¿Dónde está la cúpula de Santa María del Fiore?

En la catedral de Florencia (Italia), llamada Santa María del Fiore, se encuentra la famosa cúpula renacentista construida por Filippo Brunelleschi entre 1420 y 1436, con las máquinas que él mismo inventó para este proyecto. Se trata de una cúpula ovoide de ocho caras. En su interior fue pintada al fresco por Vasari y Zuccarei entre 1572 y 1579.

¿Dónde está el *Guernica*?

Este famoso cuadro, que está ahora en el Museo Nacional de Arte Contemporáneo Reina Sofía, fue presentado por Picasso a la Exposición Universal de París de 1937. Con él, el pintor quiso denunciar el brutal bombardeo al que sometió la aviación alemana al pueblo vasco de Guernica. El cuadro, de enormes proporciones, se ha convertido en un símbolo contra la guerra.

¿Dónde está la *Venus* de Willendorf?

En 1908, el trabajador Johan Veran encontró en Willendorf (Austria) una rara figura, una estatuilla de mujer, que se guarda en el Museo de Historia Natural de Viena. Es una de las obras de arte más extraordinarias de toda la época glaciar (período Auriñaciense).

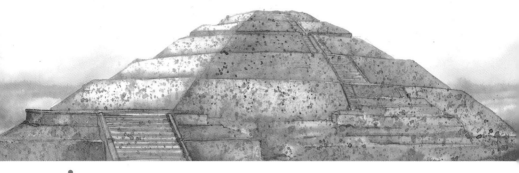

¿Dónde está la Pirámide del Sol?

Los aztecas construyeron templos dedicados a sus dioses y pirámides escalonadas dedicadas a distintos fines. En la ciudad de Teotihuacán, en el valle de México, está una de las más conocidas. Se trata de la Pirámide del Sol. Tiene una altura de 63 metros y consta de cuatro cuerpos superpuestos sobre una base de 222 metros.

¿Dónde está la cabeza de Nefertiti?

Nefertiti fue reina de Egipto y esposa del faraón Ajnatón durante doce años en el siglo XIV antes de Cristo. Adoraba a Atón, el dios sol. En el Museo Staatliche de Berlín (Alemania) se conserva un busto de piedra caliza decorada de Nefertiti, una de las grandes obras del Antiguo Egipto. Existe otra cabeza de cuarzo, aunque inacabada, en El Cairo (Egipto).

¿Dónde está la mezquita de Córdoba?

Fue comenzada por Abderramán I en el año 785, como símbolo del poder del islam en España. El «bosque de columnas», más de 850, hechas en granito, jaspe y mármol, es uno de los más bellos ejemplos de arquitectura islámica del mundo occidental.

¿Dónde está la catedral de Notre Dame?

La catedral de París, que comenzó a ser construida en el año 1163, es una de las más representativas del gótico y también una de las más bellas. Destacan los preciosos rosetones con vidrieras de colores, que cuando filtran el sol dan al interior una atmósfera mágica. Quizás por eso Víctor Hugo la eligió como escenario para la historia de amor entre Esmeralda y Quasimodo.

¿Dónde está la Venus de Milo?

Esta famosísima representación de más de dos metros de la diosa del amor, Venus o Afrodita, fue realizada en el siglo III a. C. y hoy puede verse en el Museo del Louvre, en París. Se piensa que con un brazo sujetaba el manto que cubre sus piernas, y con el otro ofrecía una manzana.

¿Dónde está *La Gioconda*?

Se supone que este retrato realizado por Leonardo
da Vinci (1452-1519) es el de Mona Lisa, esposa de un
banquero de Florencia, Francisco Giocondo, al que
debe el nombre con el que es conocido el cuadro: *La
Gioconda*. La enigmática sonrisa de la modelo
constituye uno de los atractivos del cuadro. Esta
obra de arte se encuentra
en el Museo del Louvre
de París.

¿Dónde está la Ópera de Sídney?

El edificio de la Ópera de Sídney es una de las obras
arquitectónicas contemporáneas más famosas. Fue
finalizada en 1973. Se encuentra situado en Port
Jackson, Sídney, en el
sureste de Australia.

¿Dónde está la Piedra del Sol?

Es un disco de piedra que está en el Museo Nacional de Antropología de México. Se trata del calendario solar de los aztecas, el pueblo que dominaba cultural y políticamente México antes de la llegada de los españoles. Está escrito en forma jeroglífica. Su año duraba 260 días, y un siglo, 52 años.

¿Dónde está la Sagrada Familia?

Es la iglesia menos convencional de Europa. A su construcción dedicó el genial Gaudí muchos años (1909-1926). Aunque solo se ha llevado a cabo parte del colosal proyecto concebido por el autor, la famosa fachada de la Natividad y sus cuatro torres han quedado como parte inseparable de la fisonomía de Barcelona.

¿Dónde está el Taj-Mahal?

Al ver esta maravilla nadie puede imaginar que se trata de una tumba. Es de mármol blanco y cambia de color según la hora del día. Adornado con piedras preciosas, sobre sus paredes está escrito todo el Corán. Lo mandó construir, en las proximidades de la ciudad india de Agra, en 1631, el emperador Cha-Yahan en memoria de su esposa Noor-Yihan, muerta al dar a luz.

319

¿Dónde están *Los fusilamientos*?

En el Museo del Prado se puede admirar esta grandiosa composición que Francisco de Goya y Lucientes pintó en 1815. El cuadro recuerda los trágicos sucesos ocurridos en las calles de Madrid al empezar la guerra de la Independencia, el 2 de mayo de 1808, cuando el pueblo madrileño se levantó contra las tropas francesas.

¿Dónde están *Los girasoles*?

El pintor holandés Van Gogh pintó este cuadro durante su estancia en Arlés en 1888, para decorar su «casa de los artistas». En 1987 una compañía de seguros japonesa lo compró por una desorbitada cantidad de dinero, lo que contrasta con las penurias económicas que pasó el pintor en vida.

¿Dónde está El pensador de Rodin?

El escultor francés Auguste Rodin esculpió en 1888 un hombre sentado que reposa su cabeza sobre un puño en actitud reflexiva. Es seguramente una de las esculturas más conocidas, y sin duda a la que debe su autor parte de su gran celebridad. Sus dos metros de altura adornaron la escalinata del Panteón de París y actualmente se encuentra en el Museo Rodin de esa ciudad.

¿Dónde está El entierro del conde de Orgaz?

Se encuentra en la iglesia de Santo Tomé, en Toledo. Esta obra maestra de Domenico Theotocopoulos, más conocido por «El Greco», es quizás su cuadro más singular. La pintura se divide en dos partes diferenciadas: la tierra, con una treintena de personajes, y el cielo, donde los santos, Cristo y la Virgen son representados de forma idealizada.

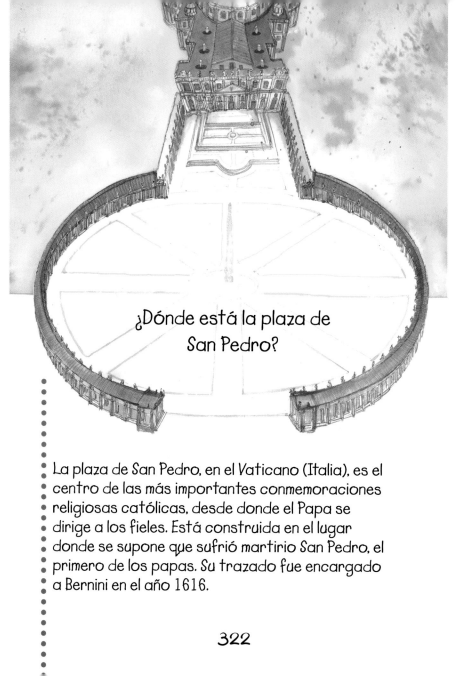

¿Dónde está la plaza de San Pedro?

La plaza de San Pedro, en el Vaticano (Italia), es el centro de las más importantes conmemoraciones religiosas católicas, desde donde el Papa se dirige a los fieles. Está construida en el lugar donde se supone que sufrió martirio San Pedro, el primero de los papas. Su trazado fue encargado a Bernini en el año 1616.

¿Dónde están las pinturas de Altamira?

Cuando en 1879 en una caverna, cerca de la bella ciudad cántabra de Santillana del Mar, fueron descubiertas las pinturas, los especialistas negaban su autenticidad. Las posteriores investigaciones demostraron que estas pinturas contaban con casi 14.000 años de antigüedad, y fueron realizadas por hombres que vivieron durante el período paleolítico. La sala principal mide 18 x 9 metros, y en ella se pueden ver diecisiete bisontes, un caballo, tres jabalíes y dos ciervos, pintados con gran realismo.

¿Dónde está la Dama de Elche?

Se encuentra en el Museo Arqueológico Nacional de Madrid. Llegó en 1941 procedente del Museo del Louvre de París, en donde estaba desde su hallazgo en 1897. Los expertos la fechan en el siglo IV a. C. Además de su belleza, llama la atención su espectacular tocado que, curiosamente, tiene semejanzas con los rodetes del peinado regional de la zona levantina. Y lo mismo podríamos decir de la tiara de la parte posterior, parecida a las peinetas de hoy.

323

¿Dónde está Venecia?

Esta ciudad italiana, situada a orillas del golfo de Venecia y a tres kilómetros de tierra firme, está construida sobre 118 islas, entre las que discurren 177 canales, cruzados por más de 400 puentes. El transporte en los canales se hace por medio de góndolas. Ha sido cuna e inspiración de numerosos pintores y arquitectos que han contribuido a hacer de ella una de las ciudades más bellas del mundo.

¿Dónde está el pórtico de la Gloria?

Todos los peregrinos que llegan a la catedral de Santiago de Compostela deben pasar por esta puerta y ver la firma del maestro Mateo, a quien debemos su realización. Componen este pórtico más de doscientas figuras. Fue

¿Dónde está el monasterio de El Escorial?

Felipe II, el rey español «en cuyos dominios no se ponía el Sol», mandó construir este conjunto monumental en la vertiente sur de la sierra de Guadarrama (Madrid), en agradecimiento por la victoria en la batalla de San Quintín. El 23 de abril de 1563 se puso la primera piedra. El proyecto del arquitecto Juan Bautista de Toledo, que luego continuó Juan de Herrera, dio como resultado un edificio de 208 metros de largo y 162 de ancho coronado por seis torres, que destaca por su sobria y bella estructura.

terminado en 1183 y el maestro Mateo dotó a estas figuras de una expresión alegre, amable y sonriente, como si quisieran dar la bienvenida a los peregrinos...

¿Dónde está el alcázar de Segovia?

La palabra alcázar significa «castillo amurallado», y el de Segovia se llama así porque fue construido sobre las ruinas de una antigua fortaleza árabe. Su aspecto es grandioso, y a sus pies se juntan los ríos Clamores y Eresma. Desde allí su silueta se asemeja a la de un gran buque de piedra. Las puntiagudas torres y su situación le hacen parecer un castillo de cuento de hadas.

¿Dónde está la sirenita?

Esta estatua, símbolo de la ciudad danesa de Copenhage, representa a uno de los personajes de los cuentos del escritor Hans C. Andersen. Fue esculpida en 1913 por Edvard Eriksen. Aunque unos desconocidos en 1964 le serraron la cabeza, convenientemente reparada sigue contemplando las aguas del puerto de la ciudad.

¿Dónde está la Ciudad Rosa?

Así es como se conoce a la antigua ciudad de Petra. Esta ciudad nabatea permaneció perdida durante siglos en Jordania hasta que en 1812 se volvió a dar con ella. Sus tumbas, templos y teatros excavados en la roca siguen impresionando a los visitantes. Su edificio más conocido es el Templo del tesoro, al que se llega por un estrecho desfiladero. Aquí el director de cine Steven Spielberg hace encontrar a Indiana Jones el Santo Grial.

¿Dónde está la *Lección de anatomía*?

El cuadro de Rembrandt *Lección de anatomía* fue pintado en 1632. En la actualidad se conserva en la Galería Real Mauritshuis de La Haya (Holanda). Representa al médico anatomista Nicolas Tulp diseccionando un cadáver, rodeado de sus alumnos, que escuchan con atención y sorpresa las explicaciones del maestro.

¿Dónde está la Capilla Sixtina?

La capilla se encuentra en la Ciudad del Vaticano. Fue construida por orden del papa Sixto IV, de donde le viene el nombre de Sixtina. Se construyó en 1480 y en ella se llevan a cabo las elecciones papales. En sus paredes se pueden admirar los célebres frescos que pintó Miguel Ángel y que representan escenas de la Creación del mundo, el Diluvio, el Juicio Final, entre otras de carácter bíblico.

¿Dónde está el Kremlin?

Es una fortaleza rodeada de una muralla de ladrillo de dos kilómetros de perímetro y 20 metros de altura. Está situada en el corazón de Moscú, capital de Rusia. Su construcción se inició en el siglo XIII y ha ido sufriendo diversos cambios con el paso del tiempo. En su interior se encuentran numerosas iglesias, palacios y otros edificios modernos.

¿Dónde están *Las constelaciones*, de Miró?

Al estallar la II Guerra Mundial, el artista Joan Miró, que se hallaba exiliado en París, alquila una casa en Normandía donde realiza la serie de Las constelaciones, una de las obras más importantes de su carrera. Con ellas demostró su genial capacidad de trabajo detallista y a pequeña escala, a la vez que expresa simbólicamente sus deseos de evadirse y librarse de los horrores que le amenazan. En la actualidad, gran parte de esta obra pertenece a colecciones particulares.

¿Dónde está la torre de Pisa?

El «campanile» de la plaza Miracoli de la ciudad italiana de Pisa es, sin duda, la torre más famosa del mundo. Cuando comenzó su construcción, en 1174, ya notaron que se inclinaba. Desde entonces, continúa haciéndolo, alrededor de un milímetro al año, en espera de que algún proyecto evite su derrumbamiento.

¿Dónde está el palacio de cristal?

Está situado frente a un lago del madrileño parque de El Retiro. Fue construido para la Exposición Universal de Filipinas de 1887. Se trata de un pabellón-estufa en el que se exhibieron flores y plantas exóticas. Por fuera podían admirarse azulejos del pintor Zuloaga, que embellecen el conjunto. Hoy es utilizado como sala de exposiciones.

¿Dónde está la pagoda de Oro?

La pagoda de Skewe Dagon está en la ciudad de Rangún, capital de Birmania (Myanmar). Es uno de los primeros y más importantes templos budistas. Levantada en el siglo IV a. C., está recubierta de oro y coronada por más de 4.000 diamantes. Es lugar de peregrinación permanente para los budistas birmanos.

¿Dónde están las pinturas de Tahull?

El Maestro de Tahull, así ha sido denominado el artista que pintó en el siglo XII, concretamente en el año 1123, el ábside de San Climent de Tahull, uno de los

¿Dónde están las pirámides de Egipto?

Las más famosas son las de los faraones Kheops, Kefren y Micerino, situadas en el oasis de Giza, muy cerca de El Cairo. Las pirámides son la forma de enterramiento que los faraones egipcios usaron durante muchos años. La llamada Gran Pirámide, la de Kheops, llega a alcanzar 145 metros de altura y 230 de base. Es tal su fortaleza que dentro de las pirámides ni los más finos sensores han llegado a notar los fuertes terremotos que ha sufrido la capital egipcia.

conjuntos de arte más impresionantes del románico español. En las pinturas de Tahull (Lérida) destacan su estilo y la iconografía de tradición bizantina. En la actualidad se encuentran trasladadas al Museo de Arte de Cataluña, en Barcelona.

¿Dónde está la «casa de la cascada»?

Está edificada en Bear Run (EE UU), en un paisaje rocoso, vegetal y lleno de manantiales. El famoso arquitecto Frank Lloyd Wright ideó esta casa en 1936, aprovechando al máximo las posibilidades de

integración entre la arquitectura y el paisaje que la rodea, de acuerdo con su idea de arquitectura natural.

¿Dónde está la basílica de Santa Sofía?

Tras la caída del Imperio romano, Constantinopla se convierte en la capital del Imperio bizantino. En esta ciudad el emperador Justiniano manda construir en el siglo VI esta basílica que destaca, entre otras cosas, por su gran cúpula central. Mide 31 metros de diámetro y 55 de altura.

¿Dónde está el Discóbolo?

Un discóbolo es el atleta que compite en el lanzamiento de disco. Los antiguos griegos representaron numerosas veces a atletas con el disco en diferentes momentos del lanzamiento. El más conocido es el que esculpió en bronce Mirón a mediados del siglo V a. C., del que existen numerosas copias. La mejor de ellas se encuentra en el Museo de las Termas, en Roma.

¿Dónde está el castillo de Sant'Angelo?

Se encuentra en la orilla derecha del río Tíber, en Roma. El castillo, construido sobre el mausoleo del emperador Adriano, sirvió como refugio de papas, comunicado por un pasadizo secreto con el Vaticano. El edificio, que alcanza los 50 metros de altura, fue destruido en 1379 y vuelto a levantar por Bonifacio IX. Después de ser utilizado como prisión, actualmente es un museo.

¿Dónde están *Las meninas*?

El cuadro, obra de Velázquez, data de 1656 y es un retrato colectivo de la familia de Felipe IV. En él se nos presenta al propio pintor retratando a los reyes ante su hija Margarita. La princesa es atendida por dos «meninas» (doncellas) y acompañada por diversos servidores y un perro. Puedes admirar esta obra maestra en el Museo del Prado de Madrid.

¿Dónde está la Alhambra?

Alhambra significa «castillo rojo», nombre que recibió por el color de sus muros, hechos con la arcilla roja de la colina sobre la que se levanta, en Granada. Este soberbio edificio árabe, que comenzó a construirse en 1238, encierra dentro un fabuloso palacio de una belleza tal que es fácil entender que Boabdil llorara cuando tuvo que abandonarlo en 1492, y que el poeta mexicano Hiscasa escribiera:

> Dale limosna, mujer,
> que no hay en la vida nada
> como la pena de ser
> ciego en Granada.

336

¿Dónde está el Coliseo?

Se trata del Anfiteatro Flavio, situado en el centro de la ciudad de Roma. Comenzó a construirse en el año 72 y fue terminado diez años más tarde. Los anfiteatros eran lugares en los que se ofrecían espectáculos como las luchas de gladiadores, o de fieras, que se desarrollaban en la parte central o arena. Es de forma elíptica. El Coliseo mide 188 metros de largo y 156 de ancho, y una capacidad para 50.000 espectadores, que se situaban en el graderío o cavea.

¿Dónde está el acueducto de Segovia?

Este milenario acueducto tenía por objeto llevar las aguas del río Frío hasta la ciudad de Segovia. Para salvar un desnivel del terreno, los romanos en el siglo I construyeron a lo largo de 813 metros la monumental arquería que llega a alcanzar 28,5 metros de altura. Está hecho con enormes bloques de granito tallados a mano y sin ninguna argamasa que los una. Fue usado hasta hace cien años, y es sin duda una de las más perfectas uniones entre arte e ingeniería.

¿Dónde está el palacio de Oriente?

Está en el centro de Madrid, en la plaza de Oriente, y lo mandó construir Felipe V tras el incendio del antiguo alcázar de los Austrias. Es un palacio destinado a ser la residencia de los reyes de España. El primero que residió en él fue Carlos III, y Alfonso XIII el último. Hoy puede visitarse como museo y sólo se usa para algunos actos oficiales.

¿Dónde está la abadía de Westminster?

Su origen se remonta al año 1050, en el que Eduardo el Confesor la comenzó. A lo largo del tiempo ha sufrido numerosas modificaciones. Esta célebre abadía de Londres es panteón de los reyes británicos y ha servido de marco a los grandes acontecimientos y ceremonias de coronación, siendo la última la de Isabel II, en 1953.

¿Dónde está el Museo Guggenheim de Bilbao?

Los edificios más importantes y representativos de las ciudades son, generalmente, sus catedrales construidas en siglos pasados. Se dice que los museos son las catedrales del siglo XX. Prueba de ello es el Museo Guggenheim de Bilbao. Se trata de un impresionante edificio del arquitecto Frank Ghery, construido con más de 11.000 piezas de metal, casi todas desiguales, y recubierto de placas de titanio. Su curiosa silueta es ya fotografía obligada en los libros de arte.

¿Dónde está la Acrópolis?

Se trata de la parte más alta de las ciudades de la Antigua Grecia, que generalmente se fortificaba. Era la zona más importante de la ciudad y allí se construían palacios y santuarios. Destaca entre todas las acrópolis de la ciudad de Atenas, donde podemos admirar templos como el Partenón o el Erecteion.

¿Dónde está el Big Ben?

Muchos creen que el Big Ben es el reloj de cuatro caras de la torre del Parlamento de Londres, de 116 metros de altura pero, en realidad, se trata de la campana de 14 toneladas que da las horas. Su construcción data de 1858, y la campana se llamó así por el encargado de las obras, Benjamin Hale (el «Gran Ben»).

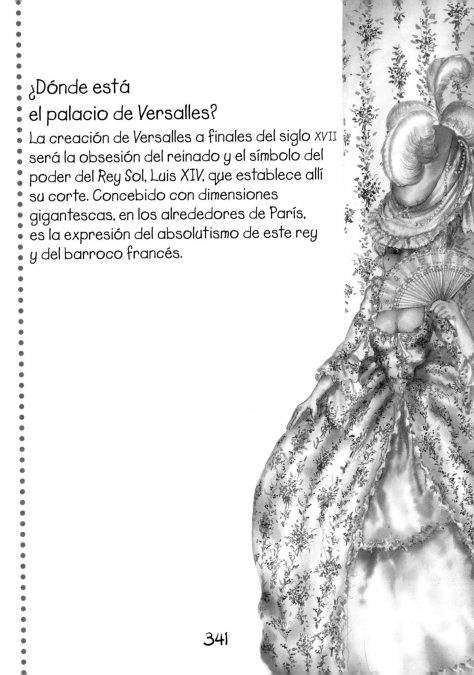

¿Dónde está el palacio de Versalles?

La creación de Versalles a finales del siglo XVII será la obsesión del reinado y el símbolo del poder del Rey Sol, Luis XIV, que establece allí su corte. Concebido con dimensiones gigantescas, en los alrededores de París, es la expresión del absolutismo de este rey y del barroco francés.

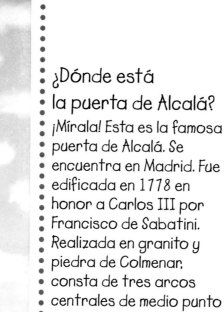

¿Dónde está la puerta de Alcalá?

¡Mírala! Esta es la famosa puerta de Alcalá. Se encuentra en Madrid. Fue edificada en 1778 en honor a Carlos III por Francisco de Sabatini. Realizada en granito y piedra de Colmenar, consta de tres arcos centrales de medio punto y dos entradas laterales más pequeñas y adinteladas.

¿Dónde está la torre Eiffel?

Fue construida por el ingeniero Eiffel para la Exposición Universal de 1889, año en que Francia celebraba el centenario de la Revolución francesa, y puede considerarse como el primer monumento moderno. Con sus 300 metros de altura, fue muy criticada por sus contemporáneos, pero hoy es, sin duda, el símbolo de París.

342

¿Dónde está la rana de la Universidad de Salamanca?

Según la tradición, los estudiantes que pasen por allí deberán encontrarla para poder aprobar sus exámenes. Tarea nada fácil, ya que se encuentra disimulada entre una maraña de adornos: medallones, escudos, tallos, etc. Sea o no cierto, el buscar la rana es una buena excusa para admirar esta bella fachada de la Universidad de Salamanca, construida en el siglo XVI, en estilo plateresco.

343

Índice

EL CUERPO Y LA SALUD

347

¿CUÁNDO SE DESCUBRIÓ...?

¿CUÁNDO APARECIÓ...?

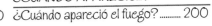

¿DÓNDE ESTÁN LAS HUELLAS
DEL HOMBRE?

¿DÓNDE ESTÁN LOS ESPACIOS NATURALES?

¿DÓNDE ESTÁN LOS PUEBLOS?